欲成就经典,必先自成一格。

Les sœurs Brontë à 20 ans

20岁的勃朗特姐妹

以父兄及神灵之名

[法] 斯特凡娜·拉伯 著　　吕莹 译

清华大学出版社
北京

北京市版权局著作权合同登记号 图字01-2017-5742 号
Les sœurs Brontë à 20 ans: Au nom du père, du frère et de l'esprit by Stéphane Labbe
© éditions Au diable vauvert, 2016
Simplified Chinese edition arranged through Dakai Agency Limited
ALL RIGHTS RESERVED
EISBN: 978-1030700459

版权所有，侵权必究。侵权举报电话：010-62782989　13701121933

图书在版编目（CIP）数据

20岁的勃朗特姐妹：以父兄及神灵之名 /（法）斯特凡娜·拉伯著；吕莹译. — 北京：清华大学出版社，2020.1
（他们的20岁）
ISBN 978-7-302-53221-7

Ⅰ. ①2… Ⅱ. ①斯… ②吕… Ⅲ. ①勃朗特（Bronte, Charlotte 1816-1855）—生平事迹②勃朗特（Bronte, Emily 1818-1848）—生平事迹③勃朗特（Bronte, Anne 1820-1849）—生平事迹 Ⅳ. ①K835.615.6

中国版本图书馆CIP数据核字（2019）第131188号

责任编辑：纪海虹
封面设计：嘉荷x1　夏玮玮
责任校对：王荣静
责任印制：杨 艳

出版发行：清华大学出版社
　　　网　　址：http://www.tup.com.cn, http://www.wqbook.com
　　　地　　址：北京清华大学学研大厦A座　　邮　编：100084
　　　社 总 机：010-62770175　　邮　购：010-62786544
　　　投稿与读者服务：010-62776969, c-service@tup.tsinghua.edu.cn
　　　质量反馈：010-62772015, zhiliang@tup.tsinghua.edu.cn
印 装 者：北京嘉实印刷有限公司
经　　销：全国新华书店
开　　本：125mm×180mm　　印　张：8　　字　数：100千字
版　　次：2020年1月第1版　　印　次：2020年1月第1次印刷
定　　价：49.00元

产品编号：073091-01

我希望有一天,
亚瑟能理解玛莉卡·费德鲁克
与一个六年级学生间的这次争辩。

那个学生对规定的阅读书目表示抗议,他说:
"这是一本女生读物。"
"这是一本给聪明的男孩和女孩们写的书!"
玛莉卡反驳道。

勃朗特姐妹的作品,
也是如此。

Les sœurs Brontë à 20 ans : **目 录** Table
Au nom du père, du frère et de l'esprit

001	勃朗特家族
005	启程
015	取名之难
033	重回罗海德学校
045	安格利亚乡思
059	艾米莉在洛希尔学校
081	收复安格利亚
093	"阴影中的"安妮
107	夏洛蒂的自我认识
121	"荒野"中的艾米莉
137	为罗宾逊夫人服务
155	艾米莉在布鲁塞尔
173	结局
187	尾声：作品及其后续
227	年表
239	部分参考目录
247	感谢

勃朗特家族

帕特里克·勃朗特(1777—1861):英国国教牧师。自从他的妻子玛丽亚于1821年去世后,他不得不独自抚养家里的6个孩子。尽管他是一位保守派知识分子,但是,他对其他宗教表现出一种思想上的开放性。同时,他也为改善生活中最穷困潦倒群体的社会状况而布道。他对孩子的教育相当自由,例如,他从不在阅读题材上设定任何限制,并坚持让女儿们接受持续的教育。

伊丽莎白·勃兰威尔(1776—1842):帕特里克的妻子玛丽亚·勃兰威尔的姐姐。她在玛丽亚临终前的几个月过来照顾她。这位老姑娘日后会肩负起霍沃思的勃朗特家族命运的责任。她是个满怀虔诚的人,她的幽默感并不出众,在履行女主人的职责时,对孩子们并没有表现出丝毫的温柔。不过,她的奉献使得帕特里克可以履行好他的牧师义务。

夏洛蒂·勃朗特（1816—1855）：1825年,她的两个姐姐玛丽亚和伊丽莎白去世之后,她成了勃朗特家孩子们的大姐。这位未来《简·爱》的作者是兄弟姐妹中敢想敢做的灵魂人物。起初,她和弟弟关系密切,最后却由于蔑视他软弱的性格和他的酒瘾毒瘾而与他疏远。她让两个妹妹参与进来,三人合作发表了一部作品《诗集》,这是三姐妹文学生涯的创始行为。作为兄弟姐妹中唯一的幸存者,她在《简·爱》之后又发表了两部小说,分别是《谢利》和《维莱特》。

帕特里克·勃兰威尔·勃朗特（1817—1848）,绰号"勃兰威尔"：勃朗特家唯一的男孩。在家人眼里,他早慧的天赋注定了他要走上艺术家的道路。然而,除了在报纸上发表过的几首诗和卖给个人的几幅肖像画之外,这个年轻人的艺术之路只有失败。他沉迷酒精和阿片酊①,31岁就过早地死于肺结核。

艾米莉·勃朗特(1818—1848):这位《呼啸山庄》未来的作者是一位尤为持重的年轻姑娘,她发自内心地依恋家乡小镇和约克郡的山丘,满足于隐居的生活。她与最小的妹妹安妮关系十分密切,总是不愿离开霍沃思。她神秘主义的诗歌预示了她小说的黑色浪漫主义氛围。她一直支持哥哥勃兰威尔直至他去世,她在哥哥去世几个月后离开了人世。

安妮·勃朗特(1820—1849):这个勃朗特家

---

① 当时的常见药品,是鸦片的主要成分,久服会成瘾。
——译者注
* 本书如无特别说明均为译者注。
* 本书中,艾米莉的诗作由皮埃尔·莱利斯翻译,夏洛蒂和安妮的诗作则由多米尼克·让翻译。本书中引用的所有信件和《模糊的回忆》一诗由本书原著作者翻译,该诗法语名为 *Reminiscence*,英文名为 *Yes, thou art gone!...*

的幺女是三姐妹中名气最小的。这位不起眼的年轻姑娘颇有牺牲意识，她饱受着姨妈严格维系的宗教准则的折磨。她后来写了两部小说：《艾格妮丝·格雷》和《威尔德菲尔庄园的房客》。比起姐姐们作品中体现的浪漫主义，这两部小说的风格更接近简·奥斯丁的现实主义风格。她在29岁时染上肺结核去世。

埃伦·努西（1817—1897）：夏洛蒂·勃朗特最好的朋友。这两个年轻姑娘相识于伍勒小姐于1831年1月创办的罗海德寄宿学校。夏洛蒂一生中给她的朋友寄去了500多封信，这些信件是勃朗特姐妹生平的珍贵见证。

塔比莎·艾克洛德（1771—1855）：1824年，53岁的塔比莎来到勃朗特家帮佣。绰号"塔比"的塔比莎·艾克洛德来到这间牧师公所时，勃朗特家正处于一个十分艰难的时刻：家里的大姐和二姐刚刚去世。她用热情和好脾气帮助孩子们克服了痛苦。她给勃朗特家的孩子们讲的故事极大地丰富了他们的想象力。

启　程

　　1835年夏天，勃朗特三姐妹中的大姐夏洛蒂19岁了，她即将离开度过大半童年时光的霍沃思牧师公所，去迎接她担忧的未来。罗海德学校的校长伍勒小姐刚刚来信给她提供了一份教师的工作。这是一所为年轻女孩开办的学校，三年前，夏洛蒂曾在此读书。她接受了这份工作。6月5日，夏洛蒂在给她最好的朋友埃伦·努西的信中这样写道：

　　"是的，我即将去我上过学的那个地方教书。比起之前别人给我提供的两份家庭教师的工作，我更喜欢伍勒小姐为我提供的这份工作。我很悲伤，一想到要离开家我就觉得非常悲伤，但是，责任与需求才是严厉的主宰，我无法逃避。"

这封信的笔调没有半分热情洋溢，夏洛蒂在其中公开表露了她想到即将要离开家人的悲伤。同样，她在信中也将责任感摆在了最前面——作为大姐，她必须做好榜样。她是后来才变成大姐的。十年前，她的姐姐玛丽亚和伊丽莎白过早地离开了这个世界，去和她们的母亲相聚。这些都是这位未来的小说家永远无法忘记的情景。

规定严苛的寄宿学校、冷酷无情的老师、近乎狂热的宗教信仰、值得怀疑的卫生环境，还有疾病。这些因素汇聚在一起，成为了日后唤起《简·爱》开头章节中痛苦氛围的素材。夏洛蒂开始撰写这部小说时已是十年之后了，她仍会记得1825年这个可怕的年份，记得她亲爱的姐姐们。正是她们——尤其是玛丽亚——让她有了关于海伦·彭斯这个人物的灵感。海伦·彭斯是简·爱的朋友，一个逆来顺受的基督教徒，她饱受成年人的虐待，命途多舛，疾病缠身。她的死给这个故事增添了浓墨重彩的悲怆色调。启程即意味着一部分的死亡。夏洛蒂切身体会到了这一点：长久以来，她都在噩梦中听到两个姐姐的咳嗽声，一直咳到精疲力竭，她看着她们在那些成年人冷漠的目光中日渐衰弱——他们本该保护她们的，却任由她们死去。

约莫是在1838年7月29日这天，夏洛蒂最后一次大步走遍了这座老屋里所有熟悉无比的房间。从她那间朝向公墓的卧室望出去，可以看到，在长满苔藓的墓地后面，是哥特式钟楼熟悉的轮廓，再后面，教堂的大殿若隐若现，她的父亲每周日都会在那里主持严肃的宗教仪式。她是否也进了隔壁那间儿童室呢？这间儿童室已经暂时成了她最小的妹妹安妮的房间。勃朗特家的四个孩子以前常常在这个房间里玩耍，给弟弟勃兰威尔的小铅制玩具兵编故事，歌颂他们辉煌的过往，想象他们或崇高或悲怆的命运，以及背叛、复仇、英雄般的胜利的情节。这些儿童游戏正是四人写作生涯的开端，它们构成了四姐弟想象中世界的源起。在大约十二年（1827—1839）的时间里，他们把自己当作历史学家，在数十个本子上写满了历史故事。这些本子可以还原他们创作的编年史。

目前，艾米莉的卧室在一楼。这是一个朝北的小房间，临近荒野。在那里，当艾米莉气鼓鼓地扣上旅行箱并给了她一个充满怒意的眼神时，夏洛蒂一定会看到她妹妹赌气的脸。这其中的秘密只有艾米莉自己知道——因为她也得离开家了。至少我们可以这么说：离开家非她所愿。夏洛蒂教书所得的工资并不高，但是，作为补偿，她的妹妹可以免费接受罗海德学校的教育。艾米莉也知道柯文桥女子寄宿学校，她的两位姐姐就是在这所学校里死去的。

她对于霍沃思的生活很满意，喜欢家务活的简单纯粹，喜欢与小妹安妮之间的默契，特别是——喜欢随心所欲地在荒野上漫步。然而，她现在必须在生日前夕出发，在外度过自己的 17 岁生日——远离家人，远离她亲爱的故乡小镇！

夏洛蒂大概不敢去敲她父亲一楼办公室的门。勃朗特牧师每天早晨都会在这里给儿子勃兰威尔上古代语言、历史和文学课。这个房间对于勃朗特家所有的孩子来说都有着十足的魅力。正是在这里，他们的父亲学习并思考每周日为忠实信徒讲道的主题，或者撰写时不时会发表在当地报纸上的文章，他在文章里捍卫保守派的政治观点，同时呼吁改善那些最贫困潦倒群体的社会状况。不过，这间办公室最具吸引力的地方是里面的藏书。孩子们获准可以从中抽取自己想读的书。《伊索寓言》、莎士比亚的戏剧、弥尔顿的但丁式史诗《失乐园》，以及班扬①笔下的朝圣者那些充满寓意但又极富愉悦幻想的朝圣之路很早就滋养了孩子们的想象力。相比古典主义作品和小说，宗教作品显然不那么受孩子们欢迎。

餐厅里也有书，四兄妹每日三餐时间都会在这里碰面。与此同时，家里的大人渐渐远离了这个可能过于吵闹的青少年团体。勃朗特牧师消化不良，这个小毛病可能会造成可怕的胃痛症状，因此，他更喜欢在办公室里安安静静地用餐。勃兰威尔姨妈——来此帮忙的已故的勃朗特夫人的姐姐——在她自己的房间里卸下了她敏感的性格，在用餐间隙，她醉心于阅读虔诚的卫理公会杂志。当牧师不在办公室工作的时候，

---

① 约翰·班扬（1628—1688），英国著名作家、布道家。出生于英格兰东部区域贝德福德郡的贝德福德。青年时期曾被征入革命的议会军，后在故乡从事传教活动。1660年斯图亚特王朝复辟，当局借口未经许可而传教，把他逮捕入狱两次，分别监禁十二年、六个月。狱中写就《天路历程》（*The Pilgrim's Progress*），内容讲述基督徒及其妻子先后寻找天国的经历，语言简洁平易，被誉为"英国文学中最著名的寓言"。

一楼就成了孩子们的天地,他们可以在一个个房间之间来来回回地跑,一边笑着,一边分享他们对于在《布莱克伍德杂志》①上看到的新闻,或是沃尔特·司各特②的小说和拜伦③的诗歌的热情。

此外,一楼还是"塔比"——管家塔比莎·艾克洛德的王国。她于1824年来到勃朗特家,正是她懂得倾听和抚慰刚刚失去两位姐姐的孩子们的痛苦;也正是她,在这个不同寻常的夏天带着孩子们在荒野散步。在这个夏天,重逢的暗淡喜悦并不足以填补他们

---

① 《布莱克伍德杂志》(*Blackwood's Magazine*)是一本1817—1980年之间出版的英国杂志和集刊,由出版商威廉·布莱克伍德创立。
② 沃尔特·司各特(1771—1832),英国著名的历史小说家和诗人。他生于苏格兰的爱丁堡市,自幼患有小儿麻痹症,爱丁堡大学法律系毕业后,当过副郡长,他以苏格兰为背景的诗歌十分有名,但拜伦出现后,他意识到无法超越,转行开始写作历史小说,终于成为英语历史文学的一代鼻祖。在他死后,浪漫主义时代也随之走向结束。
③ 乔治·戈登·拜伦(1788—1824),是英国19世纪初期伟大的浪漫主义诗人,代表作品有《恰尔德·哈洛尔德游记》《唐璜》等,并在他的诗歌里塑造了一批"拜伦式英雄"。他不仅是一位伟大的诗人,还是一个为理想战斗一生的勇士,积极而勇敢地投身革命——参加了希腊民族解放运动,并成为领导人之一。

失去两位如此钟爱的姐姐的悲伤。

塔比莎当时53岁,是一位有些粗鲁的农妇。她肩膀宽厚、面颊红润、目光炯炯。对孩子们说话的方式简单直接,有着约克郡女人特有的那种淳朴的粗鲁。她会悉心处理小伤口,或是把人抱在膝盖上,她的这种方式很快就起到了抚慰人心的作用。

塔比总是活跃在厨房,她不知疲倦地维持炉火、揉做面包的面团、制作布丁和美味的苹果派。塔比了解所有的荒野和农场,甚至是那些居住在霍沃思"下层"的家庭。这些贫穷的工人在工厂做工。她仍然记得十多年前点燃约克郡的那些艰苦斗争,当时工厂主引进了第一批弹花机,纺织工人因此被剥夺了工作。在整个欧洲,工业革命最终扩散到经济生产的各个领域,而这场革命最初是从纺织业开始的:纺纱工和使用水流作为能源的机器让位于卡特莱特发明的蒸汽自动织布机,这些机器引入约克郡后使羊毛工人失去了收入,并激发了他们绝望的反抗。

参加过这些暴动的塔比莎·艾克洛德是勃朗特家的孩子们童年时期的关键人物。她的热情，她母亲般的关怀和滔滔不绝的风格与勃兰威尔姨妈的冷淡以及父亲的疏离形成了鲜明的对比。塔比讲的故事，无论是约克郡的传说，还是勒德主义①式的斗争，或是阴暗的家庭内斗故事、造成死亡的遗产故事和乱伦的爱情故事，都丰富了孩子们的想象力。艾米莉未来的代表作《呼啸山庄》中的女管家和叙述者丁耐莉的形象显然很大程度上要归功于塔比莎。

离开霍沃思的牧师公所时，夏洛蒂将塔比的关爱、从父亲武断的观点中得到的安全感，以及勃兰威尔姨妈的权威抛于身后。她同时也放弃了安格利亚这个想象中的世界。这个名为安格利亚的世界里充满了尖酸刻薄。安格利亚这个名字的谐音让人联想到愤怒。安格利亚是勃朗特家孩子们童年游戏的自然延续，这是

---

① 勒德主义主张以捣毁机器设备来防止失业。

一个有着自己的法则、统治者和阴谋的王国，夏洛蒂多年来担任安格利亚的编年史作者，和弟弟勃兰威尔共同编写关于这个王国的故事。全家人对这个弟弟都十分赞赏，勃兰威尔是他的母亲未出嫁时的姓，大家都这么叫他，以防混淆，因为他的名字实际上是帕特里克，跟他父亲的名字一样。安格利亚是一个合力创作出的作品：姐弟俩都为这个虚构的世界贡献了自己的力量。安格利亚这个名字也会让人联想到英格兰①，但是，安格利亚从一开始就是一片遍布战争的土地：勃兰威尔的主人公诺桑格兰是一个邪恶的拜伦式的人物，他与夏洛蒂的主人公扎摩那从未停止过对立。扎摩那是一个唐璜式的骑士，这个人物形象让年轻的夏洛蒂得以在这部史诗巨著中引入与她的灵感相符的情感氛围。

---

① 安格利亚（Angria）的发音和字形与英语单词"愤怒"（anger）和法语单词"英格兰"（Angleterre）都很接近。

取名之难

1835年夏天,霍沃思牧师公所曾经是全家人共同商讨出色的勃兰威尔未来规划的场所。帕特里克·勃兰威尔·勃朗特是夏洛蒂的弟弟,他瘦弱的肩膀实际上承载了这个家庭所有的希望。在大家眼里,尤其是在他的父亲眼里,他是一位天才,尽管他体弱多病,却是一位不折不扣的天才。

由于勃兰威尔患有癫痫病,同时又体质虚弱,因此,他从未上过学。他的父亲更倾向于自己承担他的教育职责,他可能是担心别人会对癫痫这种古怪的病症投去异样的眼光,在19世纪初,人们对于这种病知之甚少,会对它怀有各种没来由的畏惧心理。

帕特里克·勃兰威尔在音乐和写作方面表现出了显而易见的天赋,他对雕刻和绘画也同样热衷。和妹妹艾米莉一样,他也会弹钢琴。此外,他还负责演奏圣米歇尔教堂的管风琴。也正是他在兄弟姐妹之间发起了写作游戏,这项活动至今为止已经开展了将近6年。最后,他还要求上素描课和油画课。

罗宾逊老师是一位前途无限的年轻画家。近一年来,他每周都从利兹赶过来一次教这个未来的艺术家画画。必须说明的是,自从1834年夏天,勃兰威尔受到他在利兹夏季展览上观赏到的那些作品的启发,已经感觉到自己拥有画家的灵魂。他对约翰·利兰的撒旦半身像印象尤为深刻,这一作品和威廉·罗宾逊展示的那些肖像画已经给了他确凿的启示:他终于找到了自己的使命,他将会成为肖像画家。

勃朗特牧师也是在这场展览上注意到了罗宾逊的画作，因此，他愿意支付每次课两个几尼①这样一笔不小的开支。尽管这些课程大有前途，却并没有达到预期的效果。罗宾逊老师实际上可能并不如传言所说的那样能干。他从未反复教导他的学生恰当地混合颜料的技巧，勃兰威尔的作品将会出现褪色和变旧这样糟心的趋势。这个年轻人也从未成功地创作出巧妙运用阴影的擦笔画，而这正是肖像画的技巧所要求的。

此刻，这些都无关紧要！这些课程让几个孩子都从中获益。艾米莉、夏洛蒂和安妮画素描和水彩画的水平得到了提高。至于勃兰威尔，他的命运不应让他受困于贫苦的霍沃思或利兹郊区，伦敦才是他需要征服的地方。这也是全家人在这个夏天共同

---

① 英国旧金币，合21先令。

商讨出的意见。勃兰威尔应当去皇家美术学院深造。勃朗特牧师最终将存款的一大部分和这个年轻人交给了这所学校。从此,勃兰威尔带着充足的行李——至少大家都认为是这样——自信地认为自己一定能成为这所久负盛名学校的学生。

让勃兰威尔成名是全家人共同努力的方向。正是为了贡献自己的力量,夏洛蒂才接受了这份教师的工作。她也对这个弟弟独特的个性赞赏不已。勃兰威尔热情讨喜,不仅是一位艺术家,而且懂得如何用大量有趣的故事和离奇的悖论来吸引读者的注意力。她甚至独占了他的时间,和他一起创造了玻璃城,这个虚构的世界是勃朗特兄弟姐妹未来文学创作的发源地。

玻璃城起源于1826年勃朗特家四个孩子所玩的一个游戏:这场际遇始于一种集体的狂热。他们的想象力依据的是勃兰威尔的一些铅制玩具兵,四个孩子将创造地理、人物性格和曲折的故事情节作为消遣。在这一年中,他们就这些创作元素争论不休,每个孩子都竭力展示自己非凡的想象力。夏洛蒂在1829年讲述了这件事的起因:"爸爸在利兹给勃兰威尔买了一些玩具兵。他回到家的时候天色已经晚了,我们当时正躺在床上。第二天早上,勃兰威尔拿着一盒玩具兵跑到我们的门前。艾米莉和我从床上跳起来,然后,我拿起其中一个玩具兵欢呼道:'这是威灵顿公爵,是我的兵!'当我说完这句,艾米莉拿起了另一个玩具兵说那是她的兵。接着就轮到安妮跳下床,她也拿了一个玩具兵。我的玩具兵是所有玩具兵中最漂亮也最完美的。"这四个玩具兵即将踏上征服北非的探险之路,他们会在那儿建立起一个联邦王国,并各自拥有自己的政府以及司法和行政体系。王国的首都是玻璃城,意即玻璃之城。这是一座乌托邦式的未来城市,规模宏大,城中雄伟的建筑可能是从画家约翰·马丁笔下有关巴比伦和尼尼微①的画作中获得的灵感，勃朗特牧师的卧室里装饰着这些画作。玻璃城是联邦的政治首府，但同样也是杰出的文化中心，作家、艺术家和演员都居住于此。此外，这座城市还有一份官方刊物——《年轻人杂志》，联邦的居民可以从杂志中读到政治辩论、文化时讯或是由英勇无畏的冒险家讲述的探险故事。不过，似乎从1827年起，家里最小的两位（艾米莉和安妮）就开始了分裂的进程。她们创造了贡代尔这个属于她们的王国。贡代尔远离了夏洛蒂和勃兰威尔的安格利亚王国，即将成为继玻璃城的联邦之后，又一片任她们狂热的想象力纵情燃烧的热土。

1827年，年长的两位开始在约12平方厘米大小

---

① 尼尼微（法语为Ninive），西亚古城，是早期亚述、中期亚述的重镇和亚述帝国都城，最早由古代胡里特人建立，其址位于现在伊拉克的北部，底格里斯河的东岸，隔河与今天的摩苏尔城相望，意为"上帝面前最伟大的城市"。《圣经》中曾提到尼尼微城名："耶和华必伸手攻击北方，毁灭亚述，使尼尼微荒芜，干旱如旷野。"

的小本子上写下他们的冒险故事，本子上的字迹十分紧凑，难以辨认，他们觉得这样可以逃脱姨妈和父亲的审查。勃兰威尔专攻地缘政治的情节和战争故事，夏洛蒂则致力于爱情故事和政治阴谋，甚至有时还倾向于幻想故事。贡代尔是勃朗特家最小的两个孩子想象出来的王国，它模糊的边界延伸到极北之处，这是一个更加安宁的王国，这里的情感和风俗都与它的气候相一致。然而，我们很难对贡代尔的故事情节有一个准确的把握，因为这些由两姐妹共同写成的故事只剩下艾米莉和安妮的几首诗歌作品，这几首诗揭示了一个对于生活极其悲惨的视角。安格利亚和贡代尔这两个世界的分裂似乎愈演愈烈。1833年，《年轻人杂志》的主编勃兰威尔在一篇社论中大肆指责艾米莉和安妮抛弃玻璃城。勃兰威尔很小的时候就对新闻界十分着迷，他此前积极倡议创办这份报纸，报纸的栏目设置照搬了父亲所订的《布莱克伍德杂志》。

夏洛蒂和勃兰威尔的玻璃城冒险故事及其后续，

还有安格利亚这个世界的发展,以及艾米莉和安妮围绕贡代尔展开的幻想构成了勃朗特兄弟姐妹的一项真正的写作实验。孩子们丰富的想象力表现在各种类型的文体上:小说、报刊、神话故事、史诗、抒情诗……他们各自的文风在其中已经有所凸显。勃兰威尔梦想着军事与文学上的荣耀。夏洛蒂则给她的主人公威灵顿公爵安排了后代——两个儿子。一个是杜罗侯爵,也叫阿瑟·韦尔斯利,他之后将以扎摩那这个名字成为安格利亚的统治者,他的弟弟是讽刺作家查尔斯·韦尔斯利,是一个专门写安格利亚贵族阶层逸事的专栏作家。她热情满满地投入其中。这个世界为她提供了练习撰写冒险故事或是对浓烈的激情进行分析的机会,同时也给这部哥特式的小说背景中增添了内在的暴虐色彩,她在青少年时期很可能非常喜欢这种小说。至于艾米莉,她已经表现出了将泥炭质的山丘和山谷风景搬移进作品中的欲望。就像她之后创作的《呼啸山庄》那样,这样的风景在模糊的贡代尔王国里如此令人欣喜，会令人联想到古老的盖耳人传说的残酷。这些"少年读物"——这是我们通常赋予儿童和青少年故事的称号——组成了一部重大的史诗作品，这部作品从未完整地发表过，用专家的话说：这部长达两千多页的史诗巨作，很可能比他们的出版作品全集还要宏大。

夏洛蒂之所以选择和弟弟捆绑在一起，可能是因为她比两个妹妹更多地感受到了与父亲之间的距离感，感受到了这种显得像是一种偏好的行为——优先教育男孩。这种偏好本质上只是 19 世纪家庭习惯中固有的社会惯例而已。夏洛蒂和安妮未来的小说中都将控诉女性在这一方面明显弱势的地位，惋惜女性在接受教育和重视方面所受的不公正待遇。夏洛蒂借她的女主人公简·爱之口说道："一般都认为女人应当平平静静，但女人跟男人一样有感觉。她们需要发挥自己的才能，而且也像兄弟们一样需要有用武之地……；比她们更享有特权的同类们，只有心胸狭窄者才会说，女人们应当只做做布丁，织织长袜，弹弹钢琴，绣绣布包①。"

为什么呢？夏洛蒂总忍不住去想，勃朗特牧师实际上是不是把他宝贵的时间都用来教育勃兰威尔了？艾米莉和她却必须去上多灾多难的柯文桥女子寄宿学校。为什么女孩们必须要忍受勃兰威尔姨妈的刺绣和缝纫课，还要汇报她们的行踪，而她的弟弟除了上父亲的课之外，却可以支配自己所有的时间呢？

夏洛蒂远没有到对这种现状进行反抗的程度，她选择了和勃兰威尔搭档。她是家里最大的那个，而他则是最受宠的那个。她希望通过这种迂回的方式，最终得到父亲的认可。既然勃兰威尔做的所有事情都会受到关注，那么，他们共同所做的事情的威望也必然会对她产生影响。但是，很快，最大的这个就有了自

---

① 本段译文摘自译林出版社 2010 年（2011 年重印）出版的《简·爱》黄源深译本。

己的雄心壮志，她自认为有能力和弟弟竞争，1826—1827年，当她必须远离这座牧师公所去教书时，游戏就变成了竞赛。

不管怎样，夏洛蒂努力想要吸引的正是父亲的注意。如果不能立即得到父亲的注意，那么她至少要先得到他的赞许。她知道，在勃朗特牧师眼里，一份在罗海德学校这样的机构里担任教师的工作没有任何不体面的地方。把艾米莉拉进这样一场冒险里的创举同样也是受欢迎的，因为牧师的收入并不多。少了两张嘴吃饭，他就能够更好地供养未来的伦敦大学生了——人人都知道，在首都求学的花费是最昂贵的。

勃朗特家并不贫苦，尽管如此，这个家庭里的父亲还是必须将开支计算到最合理的程度。1825年，当他选择把女儿送到柯文桥女子寄宿学校时，他需要支付每年80英镑的开支，而他自己的收入只有210英镑。一切能够为家里添补一点儿金钱的努力，都会得到支持。当然，前提是不让勃朗特家的名声受到质疑。

帕特里克·勃朗特之所以获得威望，在于坚韧不拔的工作和非凡的智慧为他带来的成就。他的经历是非常令人惊叹的，因为他出身于爱尔兰的农民家庭，当然不是注定要成为英国国教的副牧师。帕特里克·普朗迪或是布朗迪1777年3月17日出生于阿尔斯特①的德朗巴里罗尼，是一个拥有十个孩子的家庭中的老大。他的社会出身可能会让他成为农民，或者，好一点的话，去学个手艺——这也是他做过的事情，他在做织布工人之前做过铁匠。然而，他在知识方面的好奇心如此强烈，以至于他最终博得了教区本堂神甫哈肖牧师的赞赏。哈肖牧师在学业方面指导了他，让他得以成为格拉斯卡希尔学校的教师。

之后，帕特里克·布朗迪又受到了泰伊牧师的关注，这位牧师把孩子的教育托付了给他。1802年，帕特里

---

① 爱尔兰北部地区的旧称。

克·布朗迪已经积攒了足够的金钱，前往久负盛名的剑桥大学圣约翰学院求学。泰伊先生是副牧师、治安法官和两位爱尔兰国会议员的兄弟，有他的支持显然在录取过程中起到了决定性的作用。但是，帕特里克在剑桥求学的过程和他最初的经历显得同样具有代表性。他在 1806 年获得了文学学士文凭，并于 1807 年 12 月被授予英国国会神甫的圣职。

这位年轻的爱尔兰人在剑桥注册时的姓氏是"布朗特"，他要到很晚才改正这个拼写上的错误。他很快便决定远离这个他出身的姓氏，他最开始用的是"博朗特"这个拼写方式。后来，在他初次被任命教区圣职的时候，他在这个拼写上加了一个分音符①，由此构成了他的姓氏的最终形态。根据某些传记的描述，勃朗特牧师本意是想向纳尔逊勋爵致

---

① 分音符（le tréma）是法语中的拼写符号之一，加上分音符后，原先的 Bronte 变为 Brontë。

敬，在他的诸多头衔里，其中就有勃朗特公爵。夏洛蒂在她的第二部出版小说《谢利》中就对这一头衔作了暗示，小说的女主人公在一次对话中提及了这一点："海军司令霍雷肖·纳尔逊子爵、勃朗特公爵，他有着巨人般的内心，就像英勇的骑士那般骁勇……"夏洛蒂一生都对他父亲心中的那些守旧的英雄人物抱有一种天真的仰慕。无论如何，1802年起，这位未来的副牧师摆脱了受到英国上层社会鄙夷的爱尔兰人的出身。尽管爱尔兰在1782—1800年获得了法律上的独立，英国人对天主教徒却加强了歧视性规定，爱尔兰人比以往更受英国人的压制。一切想要独立的愿望在爱尔兰都受到严厉镇压。尽管大卫·奥康奈尔律师逐渐在爱尔兰的法律中恢复了天主教徒的地位，但是，那些独立主义者运动远不能将自己的观点加诸他人身上。总体而言，英格兰人是带着一定的蔑视来看待爱尔兰人民的。爱尔兰是一片贫瘠的乡村土地，这片土地的不幸远未结束：造成很大一部分人口背井离乡的大饥荒①还未到来。这场大饥荒显示出这个国家在工业革命转折点上的落后。或许，帕特里克·勃朗特对于他的祖国并没有表现出泛滥的感情，除了在1806年刚刚拿到学位之后在爱尔兰短暂停留过一段时间，他再也没有回去过。

帕特里克·勃朗特被任命为埃塞克斯郡韦瑟斯菲尔德教区的副牧师，后来又到什罗普郡的威灵顿领受圣职，他暗下决心要在约克郡教区获得一席之地。约克郡正是18世纪后半叶由卫斯理兄弟——约翰和查理——发起的宗教复兴中心。起初，在18世纪30年代，约翰·卫斯理以英国国教改革者的形象出现，他认为英国国教的仪式和教规有点儿太过温

---

① 这里的大饥荒指的是发生于1845—1850年间的爱尔兰大饥荒，俗称马铃薯饥荒（failure of the potato crop）。在这5年的时间内，英国统治下的爱尔兰人口锐减了将近四分之一；这个数目除了饿死，病死者，也包括了约一百万因饥荒而移居海外的爱尔兰人。

和了,因此,他最终创立了自己的教会,在户外传播上帝福音,这无可厚非取得了成功。卫理公会("卫理公会"这个名字反映的是以理智和道德准则为基础建立的"条理"①)的第一次集会要追溯到1739年。卫理公会与英国国会的正式决裂发生在1784年:卫斯理开始以独立教会的形式开展活动,即有了教条和指定的领导人来行使圣职。对于一个首次在英国国会领受圣职的副牧师而言,与卫理公会的虔诚教徒抗争是一个令人振奋的前景,勃朗特牧师的愿望在1809年实现了,因为他在1809年成为了利兹附近的迪斯伯里的副牧师。勃朗特牧师在约克郡担任圣职的最初几年留下了一系列的出版作品,这些作品表明,这位新牧师本想在文学界出人头地:他出了两本诗集(1811年的《农舍诗集》和1813年的

---

① 在法语中,卫理公会对应的词是"méthodiste",与条理(或方法)对应的词"méthode"音形相似。

《乡村吟游诗人》）和两本小说（《林中小屋》和《基拉尼的女仆》①）。然而，这些作品的反响平平，尤其是妻子的死让他彻底放弃了文学事业，献身于教区和对孩子的教育。

既然父亲已经成功创造了一个姓氏，那么儿子起名似乎就困难万分了。帕特里克·勃兰威尔·勃朗特被家人称为"勃兰威尔"，这个称呼显然与他双亲的名字联系在一起，他一生都想要扬名天下。他向报纸咨询如何投稿，或者，用笨拙的方式，向文化界和艺术界的名人寻求支持。在后世眼里，勃兰威尔只是一个早逝母亲的儿子，是被一个盲目渴望荣耀的父亲过分宠爱的儿子，是三位天才姐妹不情愿的附庸。

尽管如此，在1835年的夏天，父亲和弟弟对夏

---

① 这几部作品的英语原名分别为：《农舍诗集》（*Cottage Poems*）、《乡村吟游诗人》（*The Rural Minstrel*）、《林中小屋》（*The Cottage in the Wood*）、《基拉尼的女仆》（*The Maid of Killarney*）。

洛蒂来说仍然意味着榜样。她的父亲是受一个粗野但繁荣的教区尊重的教区本堂神甫,在教区的讲道台和地方报刊上都掷地有声。她的弟弟则古怪而有创造力,并且拥有丰沛的想象力,这些都昭示着他光辉的未来。

重回罗海德学校

重回罗海德学校对夏洛蒂来说只是权宜之计，这一点从她给埃伦·努西写信的笔调中就能感觉出来。夏洛蒂并不是害怕伍勒小姐，她很喜欢与伍勒小姐作伴，然而，她从内心深处知道，她并非为教育而生。她还很害怕自己未来的学生。

罗海德学校与夏洛蒂童年时上过的糟糕的柯文桥女子学校（她的两位姐姐正是在这所学校病倒的）不同，这是一所为出身良好的年轻女孩开办的学校。学校里的纪律并不严格，老师应当用个人魅力吸引学生，而不是强制施加严厉的权威。夏洛蒂也深知这一点，但是,她既没有魅力,也没有威严。她个子娇小,并且近视。阅读时她必须把鼻子紧贴到书页上才能辨认出书上的字迹。此外,她也不太注重穿着打扮。她的收入微薄,因此投入于置装的钱非常有限。

罗海德寄宿学校坐落于哈利法克斯南部的米菲尔德高地上。这里离霍沃思只有30多公里。但是,这毫无用处,风景已经彻底改变了。这里是一片开阔的乡村,遍布着富饶齐整的草原,一排排古老的橡树将这些土地划分出界限。这样的风景取代了霍沃思那些近乎沙漠的"荒野",在霍沃思的山丘上,荒野遍布着荆豆、粗糙的欧石楠和穿不透的荆棘这些互不相干的植被。与艾米莉相反的是,夏洛蒂并不十分喜爱霍沃思乡村。毫无疑问,她在《简·爱》开头的段落中将自己的感情代入了她的女主人公:"我向来不喜欢远距离散步,尤其在冷飕飕的下午。试想,阴冷的薄暮时分回得家来,手脚都冻僵了……"①罗海德学校的建筑物和当地的风景一样讨人喜欢，圆形的建筑物开了宽敞的窗子，让日光可以照进来，与简朴的霍沃思牧师公所形成了鲜明的对比。山丘上空飘荡着白云，在这样的映衬之下，古老的牧师公所总是显得十分低矮。

夏洛蒂对于她即将教导的那些年轻女孩们的精神状态非常了解。她于1831—1832年在这所学校上学，并在里面交到了两个朋友：一个是埃伦·努西，她是伯斯托尔的一位棉花富商的女儿，是家里的第十二个孩子；另一个是玛丽·泰勒，她是一位银行家的女儿，她的父亲1840年去世时留下大笔债务，使家庭陷入了各种司法问题之中，但是，在19世纪30年代初，这个家庭仍然自认属于上层社会。夏洛蒂教的许多学生都是她以前同学的妹妹或者表妹。然而，这并没有

---

① 本段译文摘自译林出版社2010年（2011年重印）出版的《简·爱》黄源深译本。

什么帮助，因为夏洛蒂以前给同学留下的印象就是性格反复无常，人际关系边缘化，她出众的学识并不足以让人忘掉她的性格特质。由于近视，她无法参加户外的游戏，因此显得比较稳重，经常处于严阵以待的状态，但是，在知识性的讨论中，她对自己十分自信，有时甚至有些狂妄自大。这位霍沃思牧师的女儿身上没有半点值得这些年轻女孩向往的东西，她们完成学业之后的主要目标就是获得一桩好姻缘。

夏洛蒂·勃朗特所有的小说都反映了作者与教书的冲突关系。《简·爱》这部小说的同名女主人公简·爱在提及她的女教师或家庭教师身份时，不无讽刺地使用了"奴役"这个词。这部小说的读者一定记得讨厌的埃希顿夫人针对女家庭教师的可怕谩骂，她对被迫参加主人组织的社交活动的可怜的简·爱毫无尊重可言。《谢利》的另一位女主人公卡洛琳的母亲普赖尔夫人不惜一切阻止女儿去当教师，她对女儿讲述了自己幻想破灭的经历，并回顾了她的雇主之一的训话：

"家庭女教师……应当与雇主保持距离,大部分英国家庭的生活方式和习俗都作此要求,让她们处于一种隔离状态是唯一能够保持这种距离的手段。"

夏洛蒂因此将女教师的处境看作一种耻辱,尤其是在教导那些来自上流社会的贵族小姐时,这些小姐衣着讲究,精心打理发型,并以此为荣。学校的良好运转仰赖她们的家庭财富,这些财富使她们可以额外获得不受处罚的特权,这又加剧了这位年轻女教师的恼怒。对满腔热情学习求知的夏洛蒂而言,对知识表现出迟疑是一件不可思议的事,因此,她对这份工作的不理解进一步加深了。

在夏洛蒂刚开始当老师时,她的通信变得稀少起来:似乎这个年轻姑娘立即就严肃认真地看待起自己的教师身份来,她勤奋工作,极少出门,甚至拒绝了伍勒小姐让她去拜访她的朋友埃伦和玛丽的请求,实际上她们住得并不远。此时,也就是1835年的夏末,夏洛蒂最大的担忧既不是学生,也不是思家心切或是怀念她和勃兰威尔合作的写作游戏。她此时最大的苦恼,是艾米莉。

她的这个妹妹一来到罗海德学校身体就开始衰弱。就像每次非常生气时那样,艾米莉将自己关在安静的角落,并且拒绝进食。这两个年轻姑娘似乎截然相反;姐姐身材娇小,身高只有 1.49 米,而妹妹却身材高大,当时已有 1.67 米。姐姐想入世,并在社会上谋得一席之地,而妹妹却只看到小镇荒野的无边无际,只渴望待在家乡。夏洛蒂一直对这个妹妹特别喜欢,她欣赏妹妹的率真和她性格里的坚韧力量。相反,艾米莉却对姐姐不太信任,她觉得姐姐可能有些太精于算计了,并且还有保守主义的倾向。

夏洛蒂是不是强制艾米莉同意了自己的决定?她有没有说服她跟着自己呢?艾米莉是不是迫于家庭压力才答应来罗海德学校?必须承认的是,在 17 岁即将到来之际,这个性格总是很内敛的小姑娘,也会怒火冲天、冷嘲热讽,这些格外刺激到了勃兰威尔姨妈。

然而，就像埃伦·努西给夏洛蒂的第一位传记作家盖斯凯尔夫人的陈情书中指出的那样："对艾米莉，我们知之甚少。"

是不是罗海德学校让艾米莉关于柯文桥女子学校的隐秘记忆和与之相关的痛苦罪恶感重新浮现出来？两位姐姐去世时，艾米莉只有6岁。当玛丽亚遭到学校女教师的刁难和无理对待时，这个小姑娘却是老师们最喜欢的学生，这其中还包括安德鲁小姐，她是《简·爱》小说中虐待、折磨海伦·彭斯的讨厌的斯卡查德小姐的原型。艾米莉永远无法原谅自己获得的这种偏爱，她全身心地依恋着姐姐玛丽亚，几年来，玛丽亚在她眼中都充当着母亲的角色，这更加剧了她的罪恶感。

是否应该认为，和夏洛蒂在一起，远离了霍沃思，艾米莉就注定要衰弱下去呢？她在《呼啸山庄》第二版的序言中这样写道："我妹妹艾米莉喜爱荒野。对她而言，开在欧石楠花丛阴影中的那些花比玫瑰更具光彩;从令人讨厌的斜坡到遍布树荫的山谷侧面,她可以把这想象成一座伊甸园。这种沉闷的僻静给她带来了各式各样珍贵的快乐,而自由却不包括在其中,自由连她最小的快乐都算不上。自由就像是她呼吸的空气,没有自由,她就日渐枯萎。"由此是否也印证了精神分析学家露西·杜丽的分析呢?她指出,就如同弗洛伊德对达·芬奇或是卡尔·亚伯拉罕对塞冈提尼[①]的分析那样,艾米莉或许是将对早逝母亲的情感需求转移到了大自然母亲身上。无论如何,艾米莉躲在自己的房间,并且以缄默和绝食的方式坚决反对姐姐和伍勒小姐好心的恳求。她瘦了,但是她的行为准则没有丝毫动摇。

三个月很快就过去了,夏洛蒂陷入了恐慌之中,柯文桥寄宿学校的阴影重新出现,她给父亲写了信。

---

① 乔凡尼·塞冈提尼(Giovanni Segantini,1858—1899)是19世纪意大利描绘劳动人民和乡村景色的现实主义画家,被世人称为"农民画家"。

信中说道:"在我的内心深处,我觉得,如果不回家的话,她就会死去。有了这样的认知,我得到许可让她回了家。"

安妮接替了艾米莉的位置。

然而,在夏洛蒂的心里,艾米莉是无法取代的。当然,安妮更听话,也更亲切,但是,夏洛蒂在安妮身上没有发现艾米莉那种热衷挑战以此超越自我的特质。不过,安妮还是很好地适应了罗海德学校的环境,虽然她也很想念艾米莉。她在这里取得了非常好的成绩,第二年,她甚至获得了第一个十分有代表性的"品行良好"奖。

尽管如此,夏洛蒂还是试着将事情往好的方面想。艾米莉的消沉带给她的极大折磨消散了,她可以有更多的时间与伍勒小姐相处,她十分欣赏伍勒小姐的真诚和睿智。帕特里克·勃朗特通常吝于称赞,但是,他承认伍勒小姐是一位"聪明、诚实、充满母性"的女人,是一位开放、包容的校长。她并没有革命性的教育理念，她的魅力体现在她的谈话技巧、学识和亲切和蔼的态度上。伍勒小姐总是穿着宽大的白色连衣裙，学生们很自然地将她比作修道院的院长嬷嬷。在她身旁，夜晚静悄悄地流逝了——这个年轻的姑娘和她的校长彼此交流她们对日常生活中的突发事件和学生有时令人难以应付的行为的感想。年轻的女教师怀着感激之情接受了这位前辈的建议，伍勒小姐从不说教，而是真真切切地想要帮助这位她一早就察觉到其价值的老学生。

最终，夏洛蒂甚至听从了伍勒小姐的建议，决定出门，她陪着校长去远足，探索当地的文化遗产，破败的城堡、隐藏的修道院、幽秘的庄园。她接受了去泰勒家红房子的邀请，并愉快地去探望这位有话直说的朋友。这个未来的作家将会回想起红房子，并用以描述《谢利》中的白莱亚斯曼酒庄。玛丽忍不住会斥责夏洛蒂：为什么她要为了一份如此少得可怜的薪水兢兢业业地为伍勒家族工作呢？她本不必如此的。夏洛蒂得承认，安妮的穿戴要花掉她工资的大半，但是，她的骄傲使她无法坦言勃朗特牧师的窘境。或许，她更喜欢去努西家的奥克威尔公馆做客的那些星期天，在那里，她会再次见到亲爱的埃伦。她甚至没有意识到，在那里，她让亨利动了心。亨利是她的好朋友埃伦的哥哥，他是注定要从事神职的。

罗海德学校并不是某些传记中臆想的那个奴役之地。尽管如此，自1835年从假期中回到学校后，夏洛蒂还是逐渐陷入深深的抑郁之中。这种状况产生的原因与她的工作环境并没有太大关系。

安格利亚乡思

1835年圣诞节,安妮和夏洛蒂回到了牧师公所。是塔比给她们开的门,她的喜悦之情溢于言表,让姐妹俩心里充满了暖意。勃兰威尔姨妈略带僵硬地抱住她们,但是,她的眼睛泄露出了一种难以掩饰的喜悦,尤其是当她的目光落在小妹安妮身上时。勃兰威尔在利兹,他去了罗宾逊老师家,勃朗特牧师出去拜访教区的居民了,艾米莉则在荒野上游荡。

老屋里什么也没变,夏洛蒂幸福地呼吸着从厨房里飘出来的混合着蜡烛、柴火和生姜的气息。时钟嘀嘀嗒嗒的响声总会强有力地打破楼梯间的寂静。当艾米莉裹着风和凉意突然出现的时候,她的小猎犬基普紧跟在她脚边,相聚的喜悦之情又重新流露出来。夏洛蒂高兴地发现,艾米莉长胖了一些,脸上又重新恢复了神采。不过,艾米莉似乎尤其高兴再见到安妮,她很快就拉着安妮来到过去的儿童房,她们不在的时候,她就在那里写作。

当夏洛蒂把行李放好时,她听到了妹妹们的声音。她被妹妹们对话的欢快语调打动了,犹豫着要不要加入她们。她把行李箱重新合上,溜到父亲房间边上朝向牧师公所后面的这个小房间。这个房间已经用作了勃兰威尔的画室。画架上正展示着一幅创作中的夜间风景画,画作的中央是一棵树,树干粗壮有力,但是树枝却稀稀疏疏。这应当是一幅安格利亚的风景画,月光照耀下的小屋可能代表的是米娜·劳里的草屋,安格利亚传说中的英雄阿瑟·韦尔斯利在与卑鄙的卡弗沙姆决裂之后爱上了这位农家少女。

是的，这幅画作让夏洛蒂想起小说中她为之悉心编造命运的这个人物的冒险历程。

她在地上发现了另一幅画作，她的弟弟在画上画出了去年冬天四人在一起的情景——安妮、艾米莉、勃兰威尔和她。这幅画突出了她的两个妹妹之间的相似之处，她为此触动不已。她并不喜欢自己的肖像，她没法将画上这个矮小、不起眼、毫无吸引力和表现力的女人与自己联系在一起。

引起夏洛蒂兴趣的并不是这些画作，她说不出这些受全家赞赏的画作是否名副其实。让她感兴趣的东西在桌上，草图、本子和纸张乱七八糟地扔在桌上，勃兰威尔在这些散乱的纸上潦草地写了一些诗。她要找的，就是她弟弟记录了安格利亚王国最新进展的那些纸张。在罗海德学校，夏洛蒂首先要忍受的，就是无法再沉浸在安格利亚王国的秘密世界里，勃兰威尔独自构思时，想象力天马行空、极其浮夸，这让夏洛蒂难以忍受。

她什么也没发现。不,她发现了一封信的草稿!

她的弟弟给《布莱克伍德杂志》写了信。《清白罪人忏悔录》和一些幻想故事的作者詹姆斯·霍格①刚刚去世,他与这份杂志长期合作,勃兰威尔自请代替他的角色。夏洛蒂笑了,她的弟弟真是不知天高地厚!但是,她意识到她羡慕弟弟,他有那么多条未来的路供他选择,不像她只能教书。

她听到了大门打开的声音,艾米莉和安妮急匆匆地下楼去了,她也跟着下去了。她们的父亲刚刚回来,他看起来似乎很高兴再见到女儿们。但是,他的面容凹陷,大家在他身上感受到一种不同寻常的疲惫之色。勃朗特牧师有许多烦恼,夏洛蒂很快就会意识到:不仅是他工作上的职责加重了,除此之外,他还必须要

---

① 詹姆斯·霍格(1770—1835)家境贫寒,靠牧羊为生,只受过六个月的正式教育;但他通过研读圣经自学成才,成为了苏格兰著名的诗人及小说家。他作品中别具一格的叙述方式以及对人物心理的刻画,对后世许多英语作家产生了重要影响。

应对要求享受和英国国教牧师相同特权的浸礼会异教徒。勃朗特牧师感到未来一片灰暗，因此显得不太愿意和孩子们分享自己的内心感受。

夏洛蒂希望利用假期和她亲爱的安格利亚王国重新建立联系。但是，她写进安格利亚传奇故事里的，是充满了思乡之情的诗句，这些诗句反映了她在1835—1836年这个冬天的个人境况。她在诗的开头回忆了和弟弟妹妹一起度过的快乐而又充满创造力的童年时光：

"我们于童年时织网，

网中有空气晴朗；

我们于幼年时挖泉，

泉水纯净美极"

接下来，她的悲伤境遇就此展现：

"当生活尚青春时，

> 我们的梦想便被剥夺，……
>
> 当我坐在陌生的屋顶下面，
>
> 身旁无人可识可爱，
>
> 喔！我的心是如何挂念你，
>
> 于是，我感到，你我之间的联结多么紧密。"

这首散文诗似乎是在模仿哀悼的过程，反映出这个年轻姑娘心中的抑郁之情，她越来越频繁地陷入抑郁之中。在整个假期中，夏洛蒂都在心里默默地准备返回罗海德学校。既然她已经尝到了与家人重逢、回到温暖的家中和走在霍沃思熟悉的街道上的幸福滋味，那么，她就没法不嫉妒艾米莉和勃兰威尔所享受的自由。

她想对父亲关怀一些，毕竟他因为牧师的职责而烦恼缠身。但是，她无法掩饰自己真正的感受。最终，她在这个假期中对父亲承认，她并不喜欢自己的工作，她渴望更大的自由，她感到强烈的写作欲望。

夏洛蒂知道，她正做着一个不可能的梦，但是，19岁的年纪赋予了她做梦的权利。在十几年间，她已经写了几百页纸。这些细小的字迹从大小上就显示出她所受的压制。夏洛蒂从内心深处知道她自己有天赋吗？她压抑住了这种天赋，她创作的故事时好时坏，但是，这些故事让寻求认同的未来作家得以试验各种创作素材。勃朗特牧师生气了。她怎么可以认真考虑靠写作为生呢？她毫无名气，她是否真的拥有写作必需的天赋呢？她得恢复理智，摆脱这些让她沉迷的孩童游戏，将热情投入到倾注了伍勒小姐信任的这份教师工作中去。女人不是为写作而生的，她应当为找到了一份体面的工作而感到幸福！就让她在工作中燃烧自我吧！

勃朗特牧师的这堂课教训深刻。1月7日，勃兰威尔完成了安格利亚传奇故事的新章节，让玻璃城联邦一下子笼罩在新的战争疑云之下，但是，在假期结束时，夏洛蒂始终乖乖地和安格利亚这个世界保持着距离。1月20日，夏洛蒂和安妮踏上重回罗海德学校之路，这位家里的大姐面带微笑和家人道别，决心停止萦绕在心头许久的这个无意义的写作游戏。

但是，对夏洛蒂来说，压抑关于安格利亚的念头并不容易，她将安格利亚称为"下面的世界"。罗海德学校的日常生活总是难以令人满意，夏洛蒂教法语课和语法课，管理学生的学习。她感觉自己不断受到这些年轻小姐们的骚扰，她们不停地找她帮忙，让她一刻都不得停歇。只有在晚上，当她改完试卷，和伍勒小姐在一起的时候，她才能任想象力驰骋，让她偏爱的主人公扎摩那和他的小情人米娜·劳里在安格利亚壮丽而浪漫的风景中散步。

复活节假期的时候，夏洛蒂忍不住回归安格利亚的世界，写了一些新的诗篇。但是，《过去的故事》（*Passing Events*[①]）是一部混合了传奇故事情节和随

---

① 法语题名为 Les événements qui passent。

手批注的拼凑作品。夏洛蒂在作品中嘲讽了 50 多年前诞生的卫理公会及这股异教风潮的教徒。夏洛蒂这番刻薄的讽刺针对的是她的姨妈，以及那些阻碍女性在这个性别歧视的世界里取得成功的宗教偏见。

她和埃伦·努西保持到 1836 年年底的通信表明，夏洛蒂正遭受着宗教和精神上的深刻危机：

"倘若你知晓我心心念念的思想和梦想，知晓我那炽热的想象力——这想象力吞噬着我，使我得以思考社会原本的样子——你就会同情我了。我想，你或许还会看不起我。不过，埃伦，我知道《圣经》里隐藏的宝藏，我喜爱甚至崇敬这些宝藏。我能看到清澈闪亮的生命之泉，但是，当我俯身啜饮这纯净的泉水时，它们却从我唇边流走了，仿佛我是坦塔罗斯①一

---

① 坦塔罗斯是希腊神话中宙斯之子，因泄露天机被罚永世站在有果树的水中，水深及下巴，口渴想喝水时水即减退，腹饥要吃果子时树枝即升高，永远如此。

般……"（1836年5月10日）。

夏天到来的时候，夏洛蒂发现她亲爱的安格利亚王国正处在水深火热之中。扎摩那公爵曾经带领安格利亚王国走向了和平与繁荣，但是，此刻他正承受着勃兰威尔设想的来自玻璃城联邦内部的抗争。安格利亚被驱逐出了联邦，反对派入侵了王国，首都阿德里安堡落入了扎摩那最大的宿敌之手，这个非洲人夸西亚·夸米那一直以来都觊觎公爵夫人。扎摩那的岳父，也是王国的首相诺桑格兰密谋反对自己的女婿，并使他流亡在外。

夏洛蒂在夏天尝试重新编织起故事的脉络，并重新将她的主人公引入局中，但是，她最终发现自己对他已失去了兴趣。难道父亲说的是对的？她和弟弟编造的所有幻想，难道本质上不过只是一场梦？夏洛蒂放任自己沉溺在夏天的慵懒之中。艾米莉似乎很开心，安妮陪着勃兰威尔姨妈，并给她读书。勃兰威尔去了又回。

勃兰威尔年初在伦敦的短暂旅居毫无作用，他谎称父亲交给他的钱都被偷了。没有人敢深究这个话题，但是，大家都感觉到，他身上发生的事恐怕和他的叙述并不完全一致。

他又去了利兹，渐行渐远。

伦敦之行过后，他的脑中又酝酿了一个新的计划。在加入美惠三女神①共济会②会所不久之后，勃兰威尔就以为这层新的关系能够为他提供花极少的钱在欧洲大陆旅行的途径。成为共济会会所的秘书后，他参加了所有的集会，并且盲目听信粗俗的霍沃思共济会会长约翰·布朗的话。

秋天的到来并没有让夏洛蒂感到惊讶，她怀着

---

① 美惠三女神指的是希腊神话中分别代表妩媚、优雅和美丽这三种品质的三位女神。
② 共济会，字面之意为"自由石匠"全称为"Free and Accepted Masons"，出现在18世纪的英国，是一种带宗教色彩的兄弟会组织，也是目前世界上最庞大的秘密组织，他们自称宣扬博爱和慈善思想，以及美德精神，追求人类生存意义。

一种无力感等待秋天的到来,对自己的前途漠不关心。因此,她闷闷不乐地重新回到了这份对她而言似乎不可逃避的束缚之中。她的抑郁日益加重,精神上的担忧日渐增加,她告诉了埃伦自己的恶习:

"我真切地渴望自己变得比现在更好。有时我会虔诚祈祷自己变得更好。悔恨有时会袭来,敲打我的良心。在别的时候,我又会灵光闪现,这些难以形容的东西从前对我来说是全然陌生的。我正深陷绝对的黑暗之中,但是,我祈求仁慈的救世主……"

她的朋友试图鼓励她去感受自己的虔诚,但是,埃伦略显贫乏的笔调只是从这份经久不衰的友谊方面堪堪抚慰了夏洛蒂。夏洛蒂最终选择了在纸上吐露心声——如今这叠纸只剩下 6 张,我们通常称之为《罗海德日志》——这些文字暴露了她日益增长的慌乱感:她苦受安格利亚的乡思折磨,焦急地等待着弟弟的来信。这些信让她这份如此思念的幻想有了相应的出口。

"大约一周前,我收到了勃兰威尔的来信,信里附了一封诺桑格兰写给女儿的颇有特点的精致书信。这封信有着抚慰人心、令人愉悦的力量,着实让人惊讶。连续几天,我都挂念着信的内容。每逢工作休息的间隙,信中的句子就会像一支柔和的乐曲那般响起……"

这支柔和的乐曲很快就会变成安魂弥撒。

艾米莉在洛希尔学校

自从回到牧师公所，19岁的艾米莉就重新找回了平衡，她在平静的日常生活中找到了属于自己的喜悦。她的父亲和姨妈丝毫没有注意到她。她从罗海德学校回来时的消瘦轮廓令人回忆起她的两位姐姐去世的可怕日子。大家对她的缄默表示尊重。

她渐渐变得越来越不可或缺。可怜的塔比此时已经56岁了，她干活的效率不复以往，于是，艾米莉就会帮她干活。在这间宽敞的屋子里有那么多事要做：除尘、拖地、擦玻璃、给地板打蜡、准备做面包的面团、做饭、洗碗、熨衣服。

1836—1837年这个冬天，12月的时候，塔比走在村里那条陡峭的山路上时，在积雪的小道上滑了一跤，摔断了腿。安妮和夏洛蒂的寒假只能就此暂停，她们和艾米莉急忙赶去救这个可怜的老用人，她已经被人抬到了离牧师公所约一百米的药店里。姐妹们发现，可怜的塔比躺在地上，身体因痛苦而扭曲，她们把她带回了家。虽然情况紧急，但是，在第二天到来之前是不可能请来外科医生的。大家守了她一整夜。

这桩事故发生后的第二天，勃兰威尔姨妈建议将塔比送去她住在镇上的妹妹家调养。一直为经济状况发愁的勃朗特牧师同意了这个提议。但是，这个提议却激起了姑娘们的公愤！她们怎么能在这个节骨眼上做出亏心事呢？塔比在最困难的时候把全家照顾得那么好，现在轮到她需要陪伴和关爱了，让她离开牧师公所，免谈！面对姨妈和父亲的固执己见，三姐妹绝食进行抵抗，家长们最终妥协了。

本来准备去好朋友埃伦家小住的夏洛蒂取消了自己的旅行计划。艾米莉坚定地宣告她将负担起塔比要做的全部活计。就连最腼腆的安妮，也提高了声音表达自己的愤慨。大家把老用人安置在楼下的小房间里，家里又重归了平静。这是勃朗特姐妹第一次共同抗议。她们联手，获得了自己想要的结果。

1837年，也就是艾米莉19岁这年，她每天仍然要做家务活，在荒野上长时间散步，并随心所欲地通过阅读和练习来增进自己的学识：文学、法语、历史、几何，以及一切让她感兴趣的东西。她定期会去基斯利的流动图书馆或是在商业街经营一家书店的哈德逊先生那里借书。和夏洛蒂一样，艾米莉尤其喜爱她幻想中的领地贡代尔，贡代尔的疆域位于北太平洋中。这是一个雾气缠绕、风声呼啸、与世隔绝的地区，是一个气候严酷到让人想到约克郡的国度。贡代尔人侵占了气候更加温和的加尔丁岛。这个王国处于奥古斯塔·杰拉尔丁·阿尔梅达女王的铁腕统治之下。

时事对艾米莉有启发吗?这位年轻姑娘20岁生日前几天的笔记可以让人相信这一点。在谈过了牧师公所的居民之后(在家度假的夏洛蒂给勃兰威尔姨妈读书,安妮正在写作,塔比在厨房忙碌),艾米莉迫不及待地回到了贡代尔的人事件中去:"贡代尔和加尔丁的皇帝及皇后已经准备离开加尔丁去贡代尔,以筹备7月12日薇多利亚女王的加冕仪式。此处的薇多利亚女王正是暗指维多利亚女王,她这个月已经登上了王位……"艾米莉对此处的标点感到十分懊恼[①]。对霍沃思的勃朗特三姐妹来说,维多利亚女王继位极有可能是一件相当重要的大事。1837年6月20日,维多利亚女王继承了伯父威廉

[①] 此处原文为 La Reine Viitoria [pour Victoria],以中括号标注了贡代尔故事中薇多利亚女王正是暗指当时继位的维多利亚女王。

四世①的皇位，给保守党带来了重现君主制度辉煌的希望，因为君主制无论是在政治上还是在道德行为上的陋习都已经使自己信用扫地。女王非常年轻，只有18岁，她出生于1819年，只比艾米莉小1岁，比安妮大1岁。她的传记作家声称，威廉四世最担心的是他弟媳——善弄权术、挥霍无度的肯特公爵夫人（即未来女王的母亲）——摄政。他一直等到侄女成年，才放心让死神将自己带走。他的做法或许是明智的，因为新继位的女王立刻就表现出了威望和才智，将想从这种处境中获利的母亲与权力分隔开来。女王还选择了墨尔本勋爵这位温和的辉格党人作为自己的良师益友，墨尔本勋爵为她赢得了中产阶级的认同。

---

① 威廉四世（1765年8月21日—1837年6月20日），英国国王，汉诺威国王，是乔治三世的第三个儿子，乔治四世的弟弟。法语中威廉四世写作 Guillaume IV。

奥古斯塔女王是否该将自己的权威归功于维多利亚女王的榜样呢？不幸的是，她的王国档案被毁坏了——是夏洛蒂在妹妹们去世之后将这些档案都烧毁了吗？又或者是艾米莉或安妮在弥留之际决定将它们都销毁掉？贡代尔是勃朗特姐妹的亚特兰蒂斯①，这其中只留下少量的见证和艾米莉诗歌的巅峰之作。

和安格利亚一样，贡代尔是安妮和艾米莉共同想象出的集体创作产物。不过，似乎两姐妹在创作中始终保持着相对的自主性，各自书写不同人物的命运，使他们充分分隔开，以免干扰到各自故事情节的发展。艾米莉尝试用诗歌进行书写，并且全身心地投入其中，就如同她做其他事情时那样。她著名的早期试验作品要追溯到1836年，

---

① 亚特兰蒂斯（英语是Atlantis，法语是Atlantide，意为"Island of Atlas"，即"阿特拉斯的岛屿"），又译阿特兰蒂（提）斯，位于欧洲到直布罗陀海峡附近的大西洋之岛，一传说中拥有高度义明发展的古老大陆、国家或城邦之名，最早的描述出现于古希腊哲学家柏拉图的著作《对话录》里，据称其在公元前一万年被史前大洪水毁灭。

她1837年的诗回忆了奥古斯塔·杰拉尔丁·阿尔梅达女王的丧事,这种不祥之兆似乎给她的情人易北勋爵带来了厄运:

"易北勋爵,在易北山之上,

浓雾弥漫,狂风呼啸,

你的友人之心自拂晓,

便盈满悲伤,因为你已不再。"

奥古斯塔女王幽灵般的身影在荒凉的荒野夜景中游荡,将悲痛交与长夜。艾米莉显然将她自己热烈而又高傲的个性加在了这位奥古斯塔女王身上,奥古斯塔女王和她本人一样,喜欢融入无边无际的荒野和夜色之中。

无可否认,荒野是艾米莉·勃朗特的创作动力之一。她不善交际,在霍沃思并没有什么朋友,只有塔比或是她的兄弟姐妹才能让她不再缄默。她白天的时光已经贡献给了各种家务活,傍晚的时光对她而言就是雷打不动地用于荒野漫步。《呼啸山庄》的叙述者洛克乌德从第一章起就认为,荒野"是厌世者的理想天堂"。艾米莉在他身上注入了自己的情感吗?这是极有可能的。洛克乌德正是都市版的艾米莉:他不拘小节,对荒野只有一种浅薄而又浪漫的认知,但是,当他开始抒情,他就成了作者的代言人。"的确",他在小说的开头写道:"他们这儿一定是随时都流通着有益于健康的纯净空气。从房屋尽头有几棵矮小的枞树过度倾斜,还有那一排瘦削的荆棘都向着一个方向伸展枝条,仿佛在向太阳乞讨温暖,就可以猜想到北风吹过的威力了。"[1] 他抓住了这些地方的凄凉之感,在浪漫主义时期的尾声,这种凄凉好似与在布列塔尼的荒野上散步、头发迎风飘荡的夏多布里昂[2]的魅力相辉映。夏多布里昂的《勒内》出版于 30 年

---

[1] 本段译文摘自译林出版社 2010 年出版的《呼啸山庄》杨苡译本。
[2] 夏多布里昂(1768—1848),法国 18—19 世纪的作家,政治家,外交家,法兰西学院院士。

前，1817年起译介到英格兰，在知识分子中颇受欢迎，和歌德的《少年维特之烦恼》一样，有着名副其实的吸引力。

荒野在诗歌中无处不在，同样也是《呼啸山庄》中不可或缺的点缀。荒野不仅是一种点缀，它更是一种实体，懂得欣赏荒野正是一种精挑细选的象征。在《呼啸山庄》的两位主人公凯瑟琳和希刺克厉夫的童年时期，荒野是一片充满自由和喜悦的领地，是远离大人视线的活跃的长跑空间，并且无可阻挡。小说中的女管家、另一位叙述者丁耐莉十分理解，荒野是一个充满了神圣意义的地点："但是从清早跑到旷野，在那儿待一整天，这已成为他们主要娱乐之一，随后的惩罚反而成了可笑的小事一件罢了。尽管副牧师随心所欲地留下多少章节叫凯瑟琳背诵，尽管约瑟夫把希刺克厉夫抽得胳臂痛，可是只要他们又聚在一起，他们就把什么都忘了……"①和贝尔纳丹·德·圣皮埃尔笔下的维尔吉尼②有些类似,凯瑟琳被迫接受命运的安排,与荒野和希剌克厉夫决裂,嫁给了埃德加·林惇。她一度在社会的诱惑中迷失了自己,忘掉了本质的东西,压抑了内心最深处的渴望。一个有预知意义的梦点醒了她。她在婚礼前夕将这个梦的内容告诉了耐莉,向她吐露梦见自己又置身天堂,并且梦到自己在追逐:"我只是要说天堂并不是像我的家。我就哭得很伤心,要回到尘世上来。而天使们大为愤怒,就把我扔到呼啸山庄的草原中间了。我就在那儿醒过来,高兴得直哭。"③因此,荒野比天堂更好,幽灵的孤独比灵魂的充盈更好。因为幽灵的孤独也许会带来

---

① 本段译文摘自译林出版社2010年出版的《呼啸山庄》杨苡译本。
② 雅克-昂利·贝尔纳丹·德·圣皮埃尔(1737年1月19日—1814年1月21日),法国作家,植物学家。他在1788年发表了短篇小说《保罗和维尔吉尼》(*Paul et Virginie*)。这本书尽管在今天已经鲜为人知,但在19世纪曾是著名的儿童读物。
③ 本段译文摘自译林出版社2010年出版的《呼啸山庄》杨苡译本。

与希刺克厉夫的重逢，希刺克厉夫（Heathcliff）的名字就让人联想到荒野（heath 在英语中意指"荒野"或"欧石楠"，cliff 则是"悬崖"的意思）。情人之间死后重逢的主题，以及这位未来的小说家采用的具体、模糊、令人不快的描写方式确实是构成这部小说的力量与现代性的关键因素。无论如何，这都是将艾米莉与她的荒野联系在一起的内在线索，露西·杜丽也是从这儿找到了艾米莉在这部幻想小说中描述母亲去世的源起。

或许，身为牧师的女儿，独自在霍沃思的荒野上散步并不合适，但是，为了防止有人反对，艾米莉找了一个可以保证自己安全的同伴。这个同伴就是令人生畏的"看守"，一只敏感多疑的杂种狗，在村子里恶名远播。"看守"是一位农场主给勃朗特牧师的谢礼，它随后就表现出了大家公认的坏脾气，对着牧师公所的所有住户乱叫。艾米莉不得不拿粗木棍打它以示惩戒，才让它的行为习惯好转起来。之后，她悉心照料这条狗，给它喂食，最终获得了这条獒犬的终身认同。"看守"在屋里的行为慢慢变得缓和起来，但是，它只听艾米莉的话，艾米莉用棍棒让它恢复理智的情形也越来越少。

尽管在塔比病后的康复期，艾米莉要干的活儿是超负荷的，1837年对她来说仍然是值得感激的一年。她可以安排好写作的时间，并且充分享受在心爱的山丘上漫步的时光。少了夏洛蒂的阻挡，她开始学着更加了解自己的哥哥，他的那些夸夸其谈让她很开心。勃兰威尔将自己的艺术天分展示到各个方面：年初的时候，他给自己仰慕的华兹华斯写了信。但是，这封信言辞拙劣，诗人并没有给他回信。他狂热地向《布莱克伍德杂志》申请职位，但杂志的编辑和华兹华斯一样，没有给出任何回应。他继续在楼上布置好的小小画室里练习绘画，向镇上的名流自荐作品。这个年轻人没有为工作所累，他接到的订单很少。因此，他把很大一部分时间用在了安格利亚的世界里，并且乐意跟他这个性格古怪的妹妹一起到荒野上散步,在散步的过程中,他们唤起了彼此对惊悚故事和浪漫诗歌的喜好。

艾米莉从未被勃兰威尔的谎言蒙骗,她知道他可能从来没考过皇家美术学院,她知道父亲给他的钱并没有被偷。那些钱是花在了怎样不可告人、卑劣不堪的地方啊?对于这个问题,她选择了无视。她还发现,勃兰威尔常常从"黑牛"酒吧回家时处于精神不正常的状态。这间霍沃思的酒吧坐落于镇上大街沿线的小广场上,离教堂只有几步之遥。勃兰威尔的放纵行为目前丝毫不会让艾莉担心,勃兰威尔对于循规蹈矩的生活所规定的所有义务都有种不屑一顾的态度,这种不恭敬的态度是兄妹俩都有的特质。这让她觉得很有意思。

尽管1837—1838年寒假期间没有发生什么重大的事故,但是,艾米莉深刻感觉到,事情不会这样长久地继续发展下去:夏洛蒂已经赶走了抑郁的恶魔，克服了自己的信仰危机，她显得暴躁易怒，并且让她的弟弟妹妹们感觉到，她并不是家里唯一一个可以出去工作的人。安妮回来时精疲力竭，她咳嗽得很严重，右边身体疼得厉害，这不是什么好征兆。艾米莉焦虑地看着安妮病中极其苍白的脸色，她枯瘦的面颊上偶尔会泛起阵阵红潮。她的小妹妹还遭受着宗教焦虑的折磨，这让艾米莉难以接受。她觉得对神学吹毛求疵是很荒唐的事，让人完全无法忍受。对艾米莉而言，如果上帝想要显灵的话，他必定会优先选择山丘上的繁华风景，而不是教堂狭小的空间。无论如何，安妮的身体太糟糕了，没法回到罗海德学校。艾米莉对于能在接下来的几个月与自己的小妹妹重聚感到十分高兴。

　　夏洛蒂走后，勃朗特家这两个最小的孩子又重新找回了亲密无间的感觉，这刺激着她们的创造力。安妮很快就重新沉浸在贡代尔的世界里。她慢慢恢复了健康，并且写出了几首她最优秀的诗作。在这种相互竞争的氛围中，艾米莉也著作颇丰，因为假如她白天是在家务活和荒野散步中度过的话，晚上，她就会写作：

"我最大的幸福，是在远处，
我听到我的灵魂破土而出，
刮风的夜晚，月光明亮，
眼睛可以在光的世界里游荡……"

然而，这种充实的感情并不能持久。

春天结束的时候，夏洛蒂精疲力竭，带病回到了牧师公所。由于经济原因，伍勒小姐的学校要搬到迪斯伯里，于是，这份工作在夏洛蒂看来就不如之前那么有吸引力了。抑郁使她日渐衰弱，同时，她也羡慕妹妹们享受的自由，因此，勃朗特家的大姐希望轮到自己重新回归家的平静。但是，勃朗特牧师总是如此纵容儿子的种种爱好，想给他在布拉德福德租一个带家具的房间。勃兰威尔实际上应该住在喷泉街3号的柯比夫妇家，并且投入了这份即将带他走向成功的画家事业中。既要供养三个女儿，又要给儿子负担安家费用，这些花费极有可能超出勃朗特牧师一年200英镑的工资。因此，艾米莉决定去应聘一则招聘启事上提到的洛希尔学校的教师职位，这所学校位于哈利法克斯高地。

洛希尔学校是一所由一位大概叫做帕奇特的小姐创办的女校，这位帕奇特小姐是一个40岁左右的美丽女人，声音沉稳，她的出现会令人肃然起敬。大家都很尊重她，学生、老师、邻居都是如此。她的妹妹刚刚结婚，搬去了迪斯伯里生活，空出来一个职位。和罗海德学校不同，洛希尔学校的建筑完全没有吸引人的地方：这是一座毫无美感的长方形建筑，用当地的黑色石头建造而成。学校的院子被同样黑漆漆的高墙环绕，年轻的学生可以在此发泄情绪。不过，这个学校的好处是周围有一个舒适的公园，学校还拥有一个农场，这显然会引起艾米莉的好奇心。

1838年9月，这位年轻的女教师刚刚开始工作的时候或许有些费劲。夏洛蒂在写给埃伦·努西的一封信中提到了她妹妹艰难的工作状况：

"我妹妹艾米莉当了老师，在哈利法克斯附近的一所规模比较大的学校里教书，学校里有40多个学生。自从她走了以后，我只收到过一封她的来信，信里概括了她可怕的工作状况：从早上6点到晚上11点不停地工作，中间只有短短半个小时的休息时间。这是奴役，我真害怕她会支撑不住。"

实际上，艾米莉有轻微的诵读困难症，她安排起自己的工作时很慢，困难重重。她已经习惯了霍沃思自由自在的生活，但是，从今往后，她必须备课、改作业，辅导年纪最小的学生学习，并看护她们睡觉。帕奇特小姐的善意让艾米莉得以克服这些障碍。与在罗海德学校上学时处处受到夏洛蒂的管制不同，艾米莉在这儿感受到了另一种形式的独立，这种感觉并没有令她生厌。

学校周围的乡村魅力无穷，小溪汩汩地流淌过岗峦起伏的牧场，牧场上遍布着树丛。但是，艾米莉独自一人或是在帕奇特小姐的陪伴下长时间地散步并不能让她找回荒野带给她的热情。因此，这个年轻的姑娘在孤独的夜里，伴着蜡烛微弱的光线，尝试着重新创造这种在家乡山丘支脉上支配她的紧张生活。

"可是尽管我哀悼欧石楠

它若是远一些会更好

我知道眼泪会如何迅速弥漫

来看今日欧石楠的微笑"

她的想象力把贡代尔的世界和霍沃思的山丘融合在一起，她的主人公们面临着令人心碎的爱情故事。艾米莉在洛希尔的这段日子始终是个谜：她是否如她的某些传记作者们猜测的那样，在洛希尔经历了一段感情？又或者是，她忧伤的想象力弥补了当她远离心爱的荒野时的抑郁之情。不过，有一件事是确定的，那就是她写得比以往任何时候都勤快，而且她的诗作臻至成熟，充满力量，能够满足她自己的审美要求，她在自己的诗歌中只能感受到绚丽。

白天，艾米莉给年纪最小的学生上课，并多次陪她们一起去帕奇特小姐临时安排的远足。这位精力充沛的校长有时候会带学生去哈利法克斯参观博物馆，或者把她们带到北边长途远足。其中的一次散步让艾米莉印象深刻。大家沿着雷德贝克山谷走的时候，来到了施博登这个小村庄，她们沿着面前蜿蜒的山路向上爬，最后看到了一座令人惊叹的哥特式庄园，即桑德兰高地庄园，这座庄园的建筑风格令《呼啸山庄》未来的作者十分着迷。

后来，当艾米莉借《呼啸山庄》的叙述者洛克乌德之口描绘希刺克厉夫的住所时，脑海中浮现的就是此时看到的这座庄园。和桑德兰高地庄园一样，呼啸山庄的地界也是在山顶上，终年遭受北风的洗礼。它的建筑兼具哥特和巴洛克风格："幸亏建筑师有先见把房子盖得很结实：窄小的窗子深深地嵌在墙里，墙角有大块凸出的石头防护着。……在跨进门槛之前，我停步观赏房屋前面大量的稀奇古怪的雕刻，特别是正门附近。"[1] 呼啸山庄这座哥特式的住宅不仅是一种风景画似的布景，它还象征着两位主人公痛苦的灵魂，以及他们与约克郡的土地根深蒂固的联系。桑德兰高地之所以触动艾米莉，只是在于它的地理位置让艾米莉想起来了她在荒野散步时最喜欢去的地方之一，距离牧师公所七八公里的托普维森农场。此外，这样的建筑风格，也让她想到了她最喜欢阅读的那些作品——沃尔特·司各特的小说和拜伦的史诗巨作。

尽管艾米莉在洛希尔学校这段时间成果颇丰，但是，这样的逗留并不能持续多久：她回到牧师公所过寒假，于是，离开家重新回去工作就显得困难重重。

---

[1] 本段译文摘自《呼啸山庄》，杨苡译，译林出版社，2010年。

如果我们忽略她回到霍沃思的具体日期,那么我们会发现,她的文学创作在 1839 年 1 月和 4 月之间中断了。从中是否应当看到一种精疲力竭的征兆呢?

或许吧!艾米莉在 1839 年春天重新回到家里,结束了她的教师生涯。1839 年 4 月,夏洛蒂和安妮找到了家庭教师的工作。

收复安格利亚

1838年1月17日,也就是安妮的生日这天,夏洛蒂为米娜·劳里的故事画上了句号。农家少女米娜·劳里是夏洛蒂5年前就构想过的人物,夏洛蒂为她创作了一个跌宕起伏、或许还有些影射她自己的故事,故事的名字叫做《关于阿瑟的二三事》。米娜是一个漂泊不定的姑娘,她前来照料扎摩那公爵、杜罗侯爵阿瑟·韦尔斯利,这是夏洛蒂最喜爱的主人公。这位年轻的勋爵只有15岁,他责怪卑鄙的卡弗沙姆——一个富有的贵族,为人奸诈,并且拥护奴隶制,甚至派人放火烧了死对头卡弗沙姆的工厂，卡弗沙姆大部分的收入都来自于此。与此同时，他自己也遭到了背叛，中了弹。他忠实的仆人内德·劳里救了他。内德·劳里决定把他的小主子托付给自己的女儿——温柔体贴的米娜，由她来照料他康复。阿瑟休养的小茅屋远离城市的喧嚣，四周都是田园风光，他在这样的环境中慢慢恢复了力气，护工米娜的温柔关怀令他着迷。这段故事以阿瑟被家长破坏求婚而告终，威灵顿公爵（阿瑟的父亲）和内德·劳里达成一致，要把这个农家少女和安格利亚未来的统治者分开。

无论如何，米娜都是夏洛蒂与之充分同化的人物之一，她赋予了米娜女主人公的身份。这位谦卑的农妇、全心全意的护工最终同意了做阿瑟的情妇，此时阿瑟已经成为了扎摩那公爵和安格利亚的统治者。在他的第一任妻子玛丽安·休姆去世之后，他把儿子交给米娜教育。这一次，尽管故事的标题是《米娜·劳里》，但是，比起这位农家少女，夏洛蒂更加关注的是扎摩那的第二任妻子玛丽·韦尔斯利的命运,玛丽一往情深,却终被抛弃。

勃兰威尔最后不会真的厚颜无耻地让她在1837年冬天死去了吧?"我寻思着",夏洛蒂在《罗海德日志》最后的残卷之一中写道,"勃兰威尔是不是真的杀了公爵夫人。她死了吗?她入土为安了吗?在这个凄清的夜里,沉闷的棺盖压在她的胸口,她是否独自一人躺在冰冷的地下?——躺在教堂漆黑的路面之下,躺在用石灰和砂浆封住的墓穴里。"当时,夏洛蒂已经十分脆弱——家庭教师的处境对她而言就好像是流放那般煎熬,同时,她也十分担心安妮的健康状况。这位伯爵夫人①的去世对夏洛蒂而言就好像是失去了一个心爱的人。

还有勃兰威尔那耻辱般罪恶的自由。夏洛蒂内

---

① 原文如此。此处和本段前文中的"公爵夫人"一样,指的都是扎摩那公爵阿瑟·韦尔斯利的第二任妻子玛丽·韦尔斯利。

心有某种力量在反抗着这个弟弟,他享受着所有的特权,所有的希望似乎都寄托在他身上。他可能会成为记者、画家或者作家,而她却不得不屈从于这悲惨的家庭女教师的命运,这个职业只比在资产阶级家庭里的女仆的待遇稍微好一点!他渴望荣耀,她亦然:去年冬天,他们两个不都给知名人士写过信吗?他写给了浪漫主义大诗人华兹华斯,但是,他的信是如此浮夸,充满了阿谀奉承,因此没有收到任何回信。而她写给了桂冠诗人罗伯特·索锡,这位王室钦定的官方诗人给她回了信。

她脑海中仍然记得信中的那些字句:"您显然拥有华兹华斯所说的'写诗的才能',并且,这种才能远不容忽视。"当然,索锡劝她放弃通过诗歌来寻求某种认同。他的第一个论据是什么呢?她是个女人——"文学不能也不应该成为女人的一生之业。"索锡和夏洛蒂的父亲一样,都是极端的保守派,他让夏洛蒂只把写作当成是娱乐。尽管如此,桂冠诗人索锡还是承认了夏洛蒂的天分。这已经足够让夏洛蒂对自己重拾信心。玛丽·韦尔斯利的死是压死骆驼的最后一根稻草。夏洛蒂决心不再受蒙蔽。

通过《米娜·劳里》，她试验了写作的新思路。夏洛蒂不仅复活了故事开头出现的试图挽回自己朝三暮四的丈夫的韦尔斯利公爵夫人，她还在叙事中引入了一种讽刺性的间离手法，显然在试图破坏这部史诗的英雄基调。安格利亚的世界日渐式微，主人公扎摩那发福了。即使他最终和他的小情人重聚了，他也更像是一出滑稽剧的中心人物，而不是勃朗特兄妹在这部传奇故事的开头就颂扬过的拜伦式的具有反抗精神的主人公。

夏洛蒂很有可能觉得这次寒假的结束像是一个转折点：生病的安妮表现出令人担忧的抑郁征兆。她难道没法在这个世界上容身了吗？艾米莉似乎很满意这种在牧师公所范围内和在荒野上长久漫步的隐居生活。这时，她反而想到了自己去当老师的可能性。是不是夏洛蒂尖刻的语言促使她产生了这样的假设？至于勃兰威尔，在被皇家美术学院拒之门外，从伦敦回来讲述了他漏洞百出的故事之后，他决定在布拉德福德开一间肖像画室来维持生计。和之前一样，大家需要资助他，夏洛蒂开始考虑，她的弟弟是否值得大家给予他的信任。

尽管如此，夏洛蒂还是重拾了在伍勒小姐学校的工作，此前伍勒小姐已经将学校搬到了迪斯伯里荒野。夏洛蒂并不喜欢这份工作，但是，她还是不想让那些对她表露出哪怕只有一点儿关注和喜爱的人失望。在圣诞节的前几个星期，夏洛蒂十分担忧安妮的健康，她曾经情绪激动地指责校长伍勒夫人忽视了自己的妹妹。为此，两人相互赌气，夏洛蒂于是下定决心不再踏入迪斯伯里荒野半步。然而，在离开的时候，校长把夏洛蒂叫到自己的房间，为这件让她们彼此对立的事情感到遗憾，她让从前的学生回想起了她对自己一直以来的尊重。她担心夏洛蒂坚决要离开,并请她为学校的发展着想。"我没法让自己不去爱那些爱我的人。"夏洛蒂这样向埃伦·努西写信解释自己重拾这份工作的意愿。

但是,寄宿学校枯燥乏味的日常生活和冬天的严寒很快就成了夏洛蒂离开的好借口。抑郁、宗教怀疑、神经衰弱——她逐渐相信自己染上了肺结核——困扰着她的精神。她感到前所未有地孤独。安妮不再在她身边,埃伦去伦敦了,伍勒小姐公务缠身。

夏洛蒂饱受失眠困扰,身心俱疲,她神经衰弱,听到一点儿意外的声音都会被吓一跳。最终,她求助了医生,医生建议她好好休息。6月8日,她写信给埃伦·努西:"你知道的,我本该在迪斯伯里荒野。我尽可能地在那儿待了很久,但是,我不敢再继续待下去了。我的健康和精神都彻底损坏了,医生建议我,如果我想要继续活下去就回家。所以,我回来了。"

于是，夏洛蒂再一次希望可以结束自己的教师生涯，但是，她一回到家，就听说了弟弟匆匆离开的消息。7月，勃兰威尔即将在布拉德福德创办自己的画室。更令人意外的还是艾米莉，尽管对于离开霍沃思的想法犹豫不决，她还是接受了一份家庭教师的工作。夏洛蒂认为，她必须在1838年的夏末重拾在迪斯伯里荒原的工作。她下定决心，在此期间要恢复健康，好好享受医生给她开出的长假。还有另外一个惊喜在等待着她：帕特里克·勃朗特由于担忧女儿的健康状况，请了她的两位朋友来牧师公所做客几天，这两位朋友正是夏洛蒂在罗海德学校时遇见的玛丽·泰勒和她的姐姐玛莎。勃朗特牧师尤其欣赏玛丽·泰勒的心直口快和她有些男子气概的举止。假期之初，泰勒姐妹俩的好脾气给夏洛蒂带来了无忧无虑和快乐的生活，这让她得以忘却自己的不幸。

很快，这个年轻的姑娘就恢复了健康，重新回到安格利亚的土地上。她在夏天写了两个故事，显示出了未来的小说家对新的表达方式的探索。在第一个故事《斯坦克里夫酒店》中，她用了自己最喜欢的叙述者，扎摩那公爵的弟弟查尔斯·韦尔斯利勋爵，也叫查尔斯·汤森德，他的举止和言语无不显示出一个年轻的玩世不恭的花花公子的特质。这部中篇小说开篇的场景成了一个不可或缺的片段，讽刺地模仿卫理公会的宗教祭礼，刚刚参加了这场宗教祭礼的叙述者接着去送路易莎·丹斯回家，这是一位生活动荡的歌剧演唱家。花花公子和歌唱家接着找到了这位女士借酒浇愁的情人。夏洛蒂接下来描绘的肖像可能是受到了她对自己弟弟平日里观察的影响，她的弟弟已经有些过分频繁地出入黑牛酒吧。然后，查尔斯又重新见到了一个老朋友爱德华·珀西，并且和他一起出入安格利亚社会里各式各样的圈子。对作者而言，这是一个刻画一系列揭示社会面貌的肖像的好机会。这两位朋友在路上与美丽的女骑士简·穆尔擦肩而过。她是一位知名律师的女儿,渴望拥有一段美好的婚姻。这个做作又肤浅的人物正是简·爱的情敌布兰奇·英格拉姆的形象的雏形。

夏洛蒂一写完斯坦克里夫酒店的故事就投入新故事《扎摩那公爵》的创作。远离了城市诱惑的查尔斯·汤森德,回忆起他儿时听到过的那些故事。他翻阅一些旧信件,给读者贡献了一系列摘录自安格利亚历史上最黑暗时期的趣闻逸事。夏洛蒂重新撰写起了弟弟几年前构思过的一个故事,并尝试了书信体的写作技巧。

1838年8月24日,她给朋友埃伦写道:"我重新回到了迪斯伯里荒原,重拾了我过去的习惯。教书,还是教书,一直教书。你很快就回家了吧?噢!快些回来吧!你在巴斯待得够久了……,见不到你,我开始不安了。"不过,寄宿学校枯燥乏味的日常生活不会困扰夏洛蒂很久。12月的时候,她决定辞职,离开学校时,夏洛蒂和伍勒小姐的关系依然很好。这两位女士之间一直保持着书信往来,直到夏洛蒂去世。并且,伍勒小姐是为数不多的出席了1849年安妮葬礼的夏洛蒂的熟人之一。

"阴影中的"安妮

大仲马给他最著名的骑士小说取的名字是:《三个火枪手》。不过,大家都知道,他们其实有四个人。勃朗特姐妹也存在着同样的情况,大家都知道她们是三姐妹,但是,其中之一的安妮一直默默无闻,似乎勃朗特姐妹只有两个人,最小的这个妹妹的作品并不为人所知。这给人造成的印象是她并不够格成为作家,她在文学界能够占据一席之地,只是沾了两位姐姐的光,她的两位姐姐似乎是濒临灭亡的浪漫主义最后的光芒。安妮——用埃伦·努西的话来说就是"亲切的安妮"——始终躲在暗处。就连死亡也似乎将她和其他人分隔开来了:所有的兄弟姐妹都埋葬在霍沃思圣米歇尔教堂的地下室,但是,安妮却安息在斯卡伯勒小公墓的斜坡上,面朝她生前热爱的北海之滨。

夏洛蒂肯定对这种排挤并不陌生。作为大姐,她比妹妹们都活得久,是她掌管着勃朗特家族的文学遗产,监督书籍的再版,或许也埋没了所有或者是一部分她认为会损伤家族名声的作品。例如,她从来都不喜欢安妮的第二部小说《威尔德菲尔庄园的房客》,在她看来,这部小说的"主题"是"一个错误"。1850年,当编辑史密斯想重新做勃朗特姐妹出版小说合集时,夏洛蒂阻止了他再版这部小说。真的是因为小说的"主题"让夏洛蒂觉得为难吗?又或者,就连在坟墓之外,她的两个妹妹似乎都在继续进行对话?不可否认,安妮的《威尔德菲尔德庄园的房客》会让人联想到艾米莉的《呼啸山庄》,这二者难道仅仅是英语标题的首字母相同而已?

在勃朗特家族悲剧式的封闭生活中，艾米莉牢牢占据着中心地位。正如拉辛笔下的悲剧那样，夏洛蒂爱着艾米莉，艾米莉爱着安妮，而安妮又仰慕着夏洛蒂。安妮是这个家里的幺女，她不无遗憾地占据着一种独一无二的幺女的地位。她清楚地知道，她被保护免遭她的姐姐们经受的厄运。1821年，母亲去世的时候，她只有一岁。幼小的年纪使她不必经历柯文桥女子学校的悲惨篇章，对于1825年病逝的两位姐姐，她只有一点模糊的记忆。虽然她的童年似乎要比姐姐们的童年被保护得更好，但是，安妮却是三姐妹中受勃兰威尔姨妈影响最大的一个，她一直都是勃兰威尔姨妈最偏爱的孩子。

伊丽莎白·勃兰威尔是一个很有责任心的女人。她选择离开一直以来生活的气候温和的港口小城彭赞斯（位于英国最南端的康沃尔郡），来到约克郡忍受此地的严酷气候，正是为了帮助病重的妹妹和沉浸在悲痛中的外甥和外甥女。她当时并不知道，她再也无法重新看到她的故乡康沃尔郡。1821年9月，在她的妹妹去世之后，她毫不犹豫地在牧师公所住下，无私地帮助自己的妹夫。英国的法律不允许她和这位妹夫有什么婚姻关系，她这样的举动纯粹是受到责任和同情心的驱使。

正如孩子们回忆的那样，"勃兰威尔姨妈"深受卫理公会教义影响，奉行的是一种建立在对罪行的憎恶和对末日审判的畏惧之上的严肃信仰。她甚至请人把她的精神信条刻在了自己的茶壶上。卫理公会立论显然更适用于本质上崇尚实用主义的英国国教，而不是启蒙哲学家理性主义的思想。勃兰威尔姨妈的宗教信仰是通过奇特的宗教皈依和引人入胜的圣迹剧形成的，那些故事在她让外甥和外甥女给她读的宗教杂志中比比皆是。

成了牧师公所实际上的女主人之后，勃兰威尔姨妈努力让妹妹的女儿们尽可能享受最好的教育，反复教导她们作为一个家庭妇女应当掌握的一切技能：

她教她们缝补衣服、扫地、给地板打蜡、整理床铺、熨烫衣服，她注意节约粮食，让每个孩子都衣食无缺。但是，她的教养、性格，还有天生的距离感让她没法过多倾注自己的感情，扮演孩子们十分需要的母亲形象。

安妮是受这位来自彭赞斯的虔诚的姨妈影响最大的一个。她毫无疑问继承了勃兰威尔姨妈的牺牲精神，同时也继承了她对宗教一丝不苟的执念。大家都记得，1837年秋天，安妮遭遇了非常严重的健康问题，导致她匆忙离开了罗海德学校。夏洛蒂对此十分担忧，指责伍勒小姐有点儿太过忽视她妹妹的病。然后，她把妹妹送回了霍沃思。勃朗特姐妹和罗海德学校校长伍勒小姐之间的纠纷并不只是细枝末节上的不和，还有意识形态方面的原因。

安妮之前的宗教焦虑来自姨妈严守戒规的耳濡目染，和去年的夏洛蒂一样，她也对罗海德学校风行的加尔文派的教义留下了很深的印象。她渐渐坚信，她并不是上天注定要灵魂得救的人中的一分子。生病，以及由此而来的对死亡的恐惧促使安妮求助于寄宿学校的一位外国牧师。夏洛蒂叫来了詹姆斯·拉特罗布牧师，这是一位摩拉维亚教堂的牧师，摩拉维亚教堂是路德教的教堂，教义与勃朗特牧师信奉的英国国教十分相近，这些教义抚慰了她的妹妹安妮。然而，伍勒小姐并不欢迎拉特罗布突然闯入她的学校，这位牧师的介入只是让夏洛蒂和校长之间的关系更加紧张。多年以后，安妮仍然在想，夏洛蒂当时是否怪她造成了自己和伍勒小姐之间的冲突。实际上，夏洛蒂的怨恨有着更深层的原因。

夏洛蒂一直都很欣赏艾米莉精神上的独立，她本想把艾米莉拉进自己安格利亚的世界中来，把她变成自己的知己。然而，在夏洛蒂这个姐姐看来不可思议的是，艾米莉转向了安妮，让她成为自己最喜欢的写作游戏的同伴和知己。埃伦·努西1833年夏天在霍沃思小住的时候，她对这两个妹妹之间的亲密关系印象尤为深刻，她写道："艾米莉和安妮就像是双胞胎一样密不可分，一种深深的认同感将她们联结在一起"。勃兰威尔在 1834 年画的那幅著名的勃朗特兄妹肖像《专栏肖像画》（*Portrait à la colonne*）同样反映了这种双生子的印象：安妮和艾米莉站在左侧，眼睛看向同一个方向，保持着一模一样的噘嘴的表情。有时候很难把她们两个区分开来。在后来的一幅同样出自勃兰威尔之手的肖像画中，仅残存一小块描绘两姐妹之一的碎片，专家对此争论不休：这是安妮还是艾米莉呢？

安妮的性格特别内向，在兄弟姐妹里一直默默无闻。在集体游戏时，勃兰威尔习惯垄断话语权，夏洛蒂通常是做出重大决定的那个，艾米莉缩在后面，但有时会用自己的信念来反抗夏洛蒂的权威，最小的这个紧随其后。安妮可能对她的哥哥怀有一种由来已久的恨意，她并不能在哥哥身上感觉到明显的天分。夏洛蒂在《我的安格利亚和安格利亚人》这部安格利亚故事中将勃兰威尔塑造成一个举止滑稽可笑的虚构人物,名叫威金斯,在提及自己的姐妹时,她借这个人物之口说道:"安妮什么也不是,一无是处。"她回想起的是儿童时期这个小男孩指责最小的妹妹的话。这些话从未从她的记忆中抹去。

安妮在艾米莉身上看到了与自己相似的性格,她们俩都喜欢动物,喜欢在荒野上长时间散步,也喜欢牧师公所日常的平静生活。与夏洛蒂和勃兰威尔的非洲王国相比,她们俩更偏爱贡代尔多雾寒冷的北部地区。于是,她们可以展示出她们一直以来喜欢大步闲逛的荒野风光。安妮最成功的诗作之一《亚历山大和泽诺比娅》主题是17世纪的牧歌,她给诗中相爱的主人公设定的约会背景如下:

> "一汪孤独的清泉
> 流淌在树木葱茏的埃克斯纳山间
> 过去曾有乌鸦在此歌唱"

这个地方参照的是"水边约会",这是距离牧师公所五六公里的一个瀑布,是两姐妹在荒野散步时最喜欢去的地方。

小安妮性格腼腆,不爱说话,几乎缄默不语,在19岁那年,一月份的时候,她做出了一个震惊四座的决定——轮到她去当家庭教师了。米菲尔德受人敬重的治安审理员英格拉姆先生和他的夫人要找一个年轻的姑娘来教育家里最大的几个孩子——他们有5个孩子。安妮或许是从伍勒小姐那儿听到的消息——伍勒小姐和夏洛蒂已经和解了,她毛遂自荐,事情就这样定了下来,她将要在1839年4月8日开始工作。

"当家庭教师是多么有趣的事儿啊!看看世界,开始一段新生活,完全独立地行动,发挥我隐藏的才能,证明我未知的能力,挣钱养活自己,还能帮上爸爸的忙……"小说的同名女主人公艾格妮丝·格雷的这些心情,是否也是安妮自己的呢?很有可能。《艾格妮丝·格雷》的自传色彩不可否认。1848年，安妮在《威尔德菲尔庄园的房客》第二版序言中暗示了这一点。她否认在自己的前一部小说中作出了评论所说的"夸张描写"，"这些段落只是从现实生活中获得的灵感"。她非常笃定，书中这些反映布卢姆菲尔德家的孩子们残忍对待动物的场景，正是她在英格拉姆家所亲眼目睹过的。在她看来，发生这样的事情，完全是道德败坏的体现，这要归咎于父母在教育方面的失职。

安妮是否将教书看作是一种使命呢？这一点很难确定，她神秘的个性始终是个谜。她留下的两部小说作品多半与教育问题有关。《艾格妮丝·格雷》讲述了一位家庭女教师的故事，尽管她屡屡受挫，但是仍然把工作放在心上，坚持走教书这条路；《威尔德菲尔庄园的房客》的女主人公海伦·格雷厄姆多次提出有关教育的理论，在今天看来，这些理论有些可笑，但是，却显示出作者对教育问题确凿无疑的兴趣。

夏洛蒂在 1839 年 4 月 15 日写给埃伦·努西的信中证实了这一点，这封信揭示了这个勃朗特家的幺女在她眼中的形象和感情：夏洛蒂首先为没能早点给她回信道了歉，但是，她解释道，自己为妹妹离开的"准备工作忙得焦头烂额"。"可怜的孩子！"她继续说道，"她上个星期一离开了我们，没有人陪着她——她希望我们允许她独自离开，她觉得，既然只能依靠自己的力量，那么她应该能应付得更好，并且表现出更大的勇气。她走了之后，我们收到过一封她的来信，她觉得非常满意，她解释说英格拉姆夫人看起来非常亲切，她只负责教两个最大的孩子，其他的孩子还在儿童室中进行照看，所以她不需要管他们。她的两个学生似乎是两个无可救药的笨学生。两个人都不会读书，连字母表也完全不了解，有时候甚至还得重新回顾字母表。最糟糕的是，这两个调皮的孩子都被宠坏了。她一点儿惩罚都不能做，当孩子们表现不好的时候，她能做的只是告诉他们的妈妈……"随后不久，夏洛蒂就对妹妹书信体叙事的天分感到惊讶，但是，她很担心安妮的羞怯，以及与雇主之间缺乏沟通会造成怎样的后果。因此，每当这个小妹妹显示出决心或是表现出某种天分时，都会让夏洛蒂感到惊讶。

在英格拉姆家宽敞的府邸布莱克庄园里，安妮负责监管这两个孩子的教育。这个任务似乎很轻松：她要教6岁的男孩坎利夫和他5岁的妹妹玛丽读书写字。但是，安妮或许是太年轻了，没法树立自己的权威，她很快就陷入了难以克服的困境中。这两个小英格拉姆是否也像《艾格妮丝·格雷》中刻画的小布卢姆菲尔德那样讨厌呢？我们没法不去这么想。

一桩后代流传下来的家族逸闻证实了书里其中一章的内容：当她试图让汤姆（坎利夫）做练习的时候，他的妹妹抢走了艾格妮丝（安妮）的文具盒，并且，在她哥哥的怂恿下，威胁说要把文具盒扔到窗外去。在艾格妮丝急匆匆赶去挽救这个珍贵的东西时，这两个孩子又急匆匆地跑了出去，头上什么也没戴，没戴手套，也没穿鞋。两个孩子非常兴奋，假装没听到艾格妮丝让他们回去学习的指令，必须要布卢姆菲尔德先生（英格拉姆法官）发威才能让他们回去。

事实上，孩子们抢走了从南美邮寄来的披风，一边大声喊着他们是魔鬼一边飞快地跑到院子里去。安妮抓不住他们，只能求助于他们的母亲来把他们带回屋里。

可怜的安妮非常缺少威信，不得不在这一年的年底辞职。英格拉姆夫人突然闯进了心爱的孩子们的学习室，她发现，这位家庭女教师把孩子们和书桌绑在一起，以此来强制他们待在原地，集中注意力写作业。于是，这个年轻的姑娘当场就被解雇了。她在1839—1840年的寒假期间重新回到了牧师公所的家。没有人忍心指责她的失败，更何况勃朗特姐妹中最小的这个姑娘声称她想尽快重新找份工作。

夏洛蒂的自我认识

1838年12月，22岁的夏洛蒂回家过圣诞节，这一次，她可以彻底享受与家人重聚的快乐。她已经和迪斯伯里荒野彻底决裂，准备从容地规划自己的未来。然而，她总是忍不住担心艾米莉。艾米莉对于她在洛希尔学校的日子绝口不提，但是，她日渐消瘦的身体、饱受折磨的目光和坚定的沉默，泄露了她内心的波涛汹涌。她的父亲似乎烦恼缠身：和分裂教派（卫理公会和浸礼会）的关系仍旧紧张，他工作上的责任不停地加重，身体健康每况愈下。勃朗特牧师已经60多岁了，不再年轻，一直以来折磨着他的消化不良的问题愈发严重，他的视力也越来越差。勃兰威尔对他而言大概也是一个永久性的问题：他的画家事业失败了，虽然他夸口说经常拜访当地的名人（其中包括雕刻家利兰）。可是，大家都明白，这个小伙子在布拉德福德的小酒馆待的时间比在画架后面坐着的时间要长得多。

只有安妮重新恢复了活力。在艾米莉走了之后，她就全心投入管家的活计中去，并且，她每天都会遛令人害怕的"看守"。在重新呼吸到荒野的清新空气之后，她重获了健康，似乎也从此暗自迫不及待地想要面对外面的世界。她向夏洛蒂追问关于学校、教学计划，还有教书方面的问题，这些都是她急于体验的。这个假期过得像是一场梦。艾米莉回到了洛希尔，学校的氛围前所未有的阴暗，勃兰威尔不慌不忙地回到了他租住的房子，因此，1月和2月，安妮和夏洛蒂是独自住在牧师公所。夏洛蒂因为勃兰威尔姨妈的要求生了气，她越来越无法忍受勃兰威尔姨妈专制的性格。但她已经很久没有属于自己的时间了，所以她投入了安格利亚新故事的创作中。

夏洛蒂在勃兰威尔想象的冒险故事之外创造了一个新的人物伊丽莎白·黑斯廷斯，她是被放逐的官员、作家亨利·黑斯廷斯的妹妹，她拥护诺桑格兰，反对扎摩那，甚至还策划了谋杀事件。当黑斯廷斯被捕并判死刑之后，这个年轻的姑娘毫不犹豫地向统治者，请求宽恕自己的哥哥。伊丽莎白和夏洛蒂以往塑造的人物完全不同，她身上并不具备任何注定让她成为女主人公的特质——她并非出身贵族，也不是特别美丽或是特别有学识。但是，她凭借自己的机智敏捷，成功引起了贵族理查德·珀西的注意，她的俏皮很讨这位贵族的欢心。后来，当理查德提议让她做自己的情妇时，她拒绝了，比起害怕别人的闲言碎语，她考虑得更多的是自己的尊严。夏洛蒂给伊丽莎白·黑斯廷斯塑造的许多性格特征都有简·爱的影子，简·爱也是在结婚的计划落空之后，用同样的方式拒绝了罗切斯特邀她一起去法国南部生活的提议。

2月底的时候,一封突如其来的信打破了牧师公所平静的日常生活:夏洛蒂收到了人生中第一次求婚,求婚的正是她最好朋友的哥哥亨利·努西!夏洛蒂考虑了很久,决定拒绝这次求婚。必须要说明的是,这位正直的亨利完全没有浪漫主义的细胞。他不久前刚刚被任命为苏塞克斯郡的副牧师,他想找一个妻子来打理家宅——宽敞的多宁顿牧师公所和照料他准备开办的堂区学校的孩子们。夏洛蒂礼貌地回信说道:尽管他很敬重自己,她还是不能满足他的要求,她深觉自己无论如何都不是他要找的妻子,她自认为太过自由,太过于异想天开。几天之后,她写信给埃伦:"我觉得,虽然我对亨利十分敬重,甚至因他天性温和善良而对他怀有好感,但是,我从来没有也决不会感受到那种强烈的爱恋,让我甘愿为他而死。"夏洛蒂后来在写《简·爱》的时候又想起了亨利·努西,将他刻画成了被女主人公拒绝的求爱者圣约翰·李维斯。

等到 3 月底艾米莉回来的时候，大家又要心绪不宁地为安妮的离开做准备。勃兰威尔回来是意料之中的事，但是，他在 5 月底的时候回来似乎不太妥当，这引起了夏洛蒂的质疑。和黑斯廷斯上尉的妹妹一样，她或许也已经思考过，她弟弟是否不是这些"流浪的该隐"①中的一员，活着注定只能走入漫无目的、无边无际的流浪。这个年轻人已经接到一些订单，但是数量远远不够，这些订单甚至不足以让他付清房租。需要说明的是，布拉德福德有 4 万人口，已经有好几个比年轻的勃朗特绘画技巧更精湛的肖像画家在此维持生计。另外，资产阶级家庭热衷的一种革命性的发明今后有替代绘画的趋势：达格雷照相机可以在几分钟内让画面在铜版上定型。

于是，夏洛蒂决定接受一份工作。她听说，一

---

① 根据《圣经》故事，该隐和亚伯都是亚当夏娃之子，该隐杀死了自己的兄弟亚伯，被耶和华惩罚终生流浪。

位姓西奇威克的夫人找家庭女教师已经找了几个月。她可能是从这位夫人的妹夫西奥多·杜里那儿听到了这个消息,他是基斯利的教区本堂神甫,同时也是帕特里克·勃朗特的朋友。接着,夏洛蒂就去了罗泽斯戴尔,在夏天的这几个月当中,西奇威克家住在那儿的斯通盖普庄园,这是一座 18 世纪的宽敞住宅,矗立在一片可爱的乡村之上。她一开始就被这儿的风景吸引住了,她认为自己被好意接纳,期待受到热烈的欢迎。她和安妮一样,需要负责照看两个小孩:7 岁的玛蒂尔达和 4 岁的约翰·本森。不过,她很快就泄气了。

在她 1839 年 6 月 8 日给艾米莉写的信中,她狠狠地抱怨了西奇威克夫人的做法,这位夫人把工作压在她身上,并且不断原谅孩子们本应受到指责的行为,这是两个"吵闹、淘气、讨厌"的无赖。夏洛蒂跟着这家人一起,7 月份在西奇威克夫人的父亲斯沃克利夫先生家度过了一段时间,这儿离哈罗盖特不远。她在这里近距离接触到了外省贵族的乐趣,同时也残酷地感受到了家庭女教师的地位之低下。"请你想想看",她在当年的6月30日给埃伦的信中写道:"像我这样一个保守的可怜虫,身处一个大家庭中,要遭多少罪。这个大家庭里的成员都骄傲得像孔雀,又富有得像犹太人。"这种对犹太人的讽喻是维多利亚时期的陈词滥调,并不能说明夏洛蒂有任何种族歧视的倾向。尽管夏洛蒂有些欣赏西奇威克先生,但是,她和女主人的关系却不断恶化,甚至到了拒绝与之交谈的地步。

夏洛蒂·勃朗特并没有真正意义上的童年,她不了解孩子,和孩子们之间的关系显得波涛汹涌:一天晚上,小约翰·本森往她头上丢了一本《圣经》,女教师出于自尊心的考虑,没有把这件事情说出来,或许也因此开了个先例。果然,几天后,当她无意中在不许孩子们去的马厩撞见他们,想把他们叫回来的时候,她被扔了一把石子,其中一颗打到了她脸上。

她再一次选择了隐瞒这次的冒犯行为。孩子们是否把这种沉默当成了是同一阵线的信号，当成是老师保护他们的意愿了呢？约翰·本森有天晚上握住夏洛蒂的手，对她宣告："勃朗特小姐，我喜欢你！"这引起了他母亲不屑一顾地反驳："天哪！居然喜欢家庭女教师！"夏洛蒂毫无遗憾地在 7 月底离开了西奇威克一家。回到家之后，她迫不及待地让大家知道她在找另一份工作。而在她的内心深处，其实是希望暂时休息一下的。

在回到牧师公所后不久，她接待了威廉·霍奇森牧师，这是她父亲的一位老朋友，在离霍沃思不远的科恩主持宗教仪式。陪他同行的是一位原籍爱尔兰的年轻的副牧师，名叫大卫·布赖斯，夏洛蒂一开始被他的幽默和愉快的谈话所吸引。但是，随着下午的到来，夏洛蒂最终发现这个年轻人令人讨厌：他对什么都要发表自己的观点，他有些过于引人注目的笑声和毫不含糊的挑逗眼神使夏洛蒂感到不舒服。布赖斯牧师将是《谢利》中马隆的原型,小说中的马隆是一位年轻的爱尔兰副牧师,爱说大话、举止粗俗。

夏洛蒂曾经向埃伦预言,她可能不会很快有机会被求婚。结果三天之后,她的预言就被布赖斯牧师打破了。在一封笔迹陌生的信上,她很快就认出了这位年轻的副牧师的语气,他劝夏洛蒂接受自己的求婚。这场求婚和亨利·努西的求婚一样,完全没有任何浪漫色彩,夏洛蒂毫不犹豫地拒绝了。当她向埃伦讲述这次经历时,她忍不住流露出一种苦涩之感:她是不是注定要收到这种求爱呢?向她求婚的副牧师都是务实的人,和她的理想型相去甚远,《简·爱》中具有阴郁撩人的贵族气质的罗切斯特才是她理想中爱人的样子。在 1839 年 8 月 4 日给朋友写的这封信中,她作出了这样悲观的总结,同时也预言了自己注定要成为老姑娘的未来。

夏洛蒂一心想逃离牧师公所与世隔绝的环境,和她的朋友埃伦一起过几天。埃伦已经邀请她去海边小住，但是，尽管夏洛蒂已经23岁了，她还是必须要先说服父亲和勃兰威尔姨妈松口："我真的很想去"，她在7月26日写道："但是，家里人只允许我离家一个星期。"为了能让夏洛蒂散散心，她父亲和姨妈甚至提议去利兹住一段时间，埃伦可以在那里跟他们会合，但是，这些旅行的愿望始终只是在计划当中。8月14日，夏洛蒂意识到她打包行李不过是徒劳一场。"目前霍沃思唯一可以租的有篷马车在哈罗盖特，马车或许会停在那儿。爸爸完全反对我坐公共马车出发，也反对我步行去伯斯托尔。但是我非常肯定可以安全到达。姨妈则以天气不好、路况问题和各式各样的理由来反对我……"

于是，埃伦决定自己来负责安排，她从一位叔叔那儿借到了一辆马车。木已成舟，夏洛蒂的父亲和姨妈再也找不到任何借口来反对夏洛蒂出门了。夏洛蒂飞快地收拾好了行李箱，容光焕发地溜去了伯斯托尔。

夏洛蒂生平第一次坐了火车，看到了大海。埃伦原本的计划是带她的好朋友去东海岸的布里德灵顿。这就需要坐火车从利兹中转去约克，然后再租一辆公共马车把她们送到布里德灵顿。当时的铁路交通正处于飞速发展中。连接利物浦和曼彻斯特、可以运送乘客的商业线路于 1830 年开通。这条铁路线获得了巨大的成功，英国境内的主要大城市因此在不到十年的时间里相互连通。

这趟旅程给两位旅客带来了一些惊喜。这辆公共马车太过拥挤，车夫没法让她们上车，因此，她们租了一辆货车来欣赏这个夏末约克郡东部阳光灿烂的风景。在她们预订的"黑狮"旅馆，一辆驿站快车在那儿等着送她们去哈德逊家，亨利·努西已经向这些朋友提前告知了她们的到来。哈德逊一家住在东部农场，这是一片离海 5 公里的广阔的乡村地域。尽管哈德逊一家热情好客，但是，他们并不知道自己阻碍了两个年轻姑娘想要独立游玩的梦想。

不过，她们还是成功地从热情好客的主人身边挣脱出来，挤出了一周的时间。因为她们热切渴望与大海近距离接触，于是便在驻军街租了一个面朝大海的房间。

拜伦诗中对海浪的歌颂让夏洛蒂做好准备面对大海的波澜壮阔。她给亨利写道："我不会告诉你我对于大海的观感，因为那样我可能会重新陷入我那小小的罪恶——狂热之中。不过，我可以告诉你它那些无与伦比的变化——海浪的涨潮与退潮，无休无止的海浪声酝酿出了沉思，无论于眼、于耳、于心，都永不会厌倦……"回家几周之后，她仍然会深情地回忆这趟探索之旅。"埃伦，你忘记大海了吗？它在你的记忆中是否已经变得模糊不清，还是说你一直能看到它——那蓝色、深绿、白色的泡沫？你听到它被狂风卷起的咆哮了吗？还是听到它在静谧时光里的轻声呢喃？"

一个月的假期！夏洛蒂从未有过如此奢侈的享

受，因此，回家只能变得更加困难。回到家里，又得面对姨妈阴郁的脾气、熨衣服的苦役和勃朗特牧师对自己的健康无休止地抱怨，这一切没有任何值得高兴的。夏洛蒂一时疏忽，将眼镜忘在了哈德逊家，于是重新面临无法读写的窘境。12月，快69岁的老塔比莎决定彻底退休，在那次事故之后，她从未真正地恢复行动能力。几个月来，大家找了一位年轻的姑娘来替她干活，这位姑娘主要负责采购。今后，塔比莎要和她的妹妹一起住在霍沃思小镇。

塔比莎的离开和夏洛蒂撰写《再见安格利亚》的决定之间是否有某种联系呢？塔比莎的离开，就好像是童年的某一部分离开了牧师公所。她开头是这样写的："现在，我已经写了很多书。长时间以来，我都坚持写同样的一些人物、场景和主题。"夏洛蒂23岁，那些幻想之地的魔力对她的精神不再奏效。她过去和勃兰威尔之间的默契已经消散，她需要更新。她继续写道："然而，读者并没有给我造成太大的困扰。赶走长久以来占据我想象力的画面并不是件容易的事。这些画面是我的朋友,我亲密的老相识。我可以毫不困难地向你描述这些白天占据我的思想、夜晚也时常潜入我梦中的面孔、声音和动作。放弃它们对我而言就像是坐在一间屋子的门槛上,向屋里的住户道别。"这正是一道夏洛蒂准备跨越的门槛:放弃自己的梦想,用现实来写作,现实的不公——主要是预留给女性的命运——令她气馁,也令她奋起反抗。

"荒野"中的艾米莉

自从1838年春天从洛希尔学校回来,艾米莉就在牧师公所安顿下来,决心不再出去了。她周遭的世界动荡不安,她的哥哥和姐妹离开又回来,她父亲与人们不和,与一些思想观念有冲突。而她正值20岁,对这些由信仰碰撞、希望落空和野心遭受挫败造成的骚动始终无动于衷。

艾米莉在洛希尔女校的短暂居留只不过是一段插曲,一段毁灭性的插曲。就像几年前在罗海德学校那样,当时她还只是单纯的学生,她感觉自己落入了围墙、作息时间、义务和社会关系的陷阱之中。她只有走到高处才能找到出口。在那些可以保持思维敏捷的空间里，她在夜晚怀着热情与快乐工作和写作——这种热情让她可以深刻感受到自己的存在，这种快乐是众人皆睡我独醒的孤独赐予的。为了找到写作的力量，她必须绝食。渐渐地，她的身体一天天衰弱下去，可她的思想却愈发锐利。诗句的韵律自己冒了出来。这是她记录下的诗句："在地牢的黑暗之中我无法歌唱 / 什么样的鸟儿在折翼之后仍能翱翔？"接连几个月这样节食令她精疲力竭。帕奇特小姐十分欣赏这位与众不同的女教师的聪明才智，她最终建议艾米莉放弃这份工作。于是她回家了。重新见到牧师公所的主人安妮、夏洛蒂、塔比和她忠实的"看守"的喜悦、老用人的烹饪手艺，以及荒野的清新空气使她恢复了健康，找回了平衡的状态，她的生命正是维持在这种虚弱的平衡之上。

很快，艾米莉就恢复了荒野散步的习惯，她又重新走到彭登庄园，这座庄园是罗伯特·希顿的产业，她小时候习惯和安妮一起到这儿来。这是一座建于17世纪的庄园,是在一座更加古老的房屋基础上建造起来的,坐落于池水深郁的彭登池塘附近。在夜幕降临的时候,两姐妹经常像蝴蝶一样,翩然来到这座华丽府邸的窗边,明亮的烛台、质地华贵的挂毯、悉心擦亮的古色古香的昏暗橱柜,以及宽大的扶手椅那发亮的皮革都令她们目眩神迷。彭登庄园是《呼啸山庄》中林惇家宅邸的原型。书中凯瑟琳和希刺克厉夫偷窥林惇家孩子们吵架的著名场景或许就来自于这种模糊的回忆……

从此,艾米莉可以光明正大地去彭登庄园,她获准到希顿先生的图书室借书。这间宽敞的图书室在二楼,里面有语法、修辞、数学方面的著作,也有旅行札记。彭登庄园的这间图书室原是18世纪一位文化人的,里面既没有哥特式的小说,也没有艾米莉特别喜欢的拜伦和雪莱的诗集。但是,牧师的女儿表现出了一种广泛的好奇心。她每周六揉面或者熨烫衣服的时候，也会埋头学习数学；后来，她还用这种方式学习了德语。艾米莉给《呼啸山庄》的叙述者丁耐莉设计的台词多半反映了她自己的教育状况："……我的确认为我自己是属于一种沉着清醒的人。这倒不一定是由于一年到头住在山里……；而是我受过严格的训练，这个给了我智慧；而且我读过……。在这个图书室里，你可找不到有哪本书我没看过，而且每本书，我都有所得益。除了那排希腊文和拉丁文的。"① 艾米莉没有她哥哥那种通晓人情世故的本领，她大概也对此觉得惋惜吧！

牧师公所和彭登庄园之间隔着的四公里距离一点儿也吓不倒这位年轻姑娘，她夏天走的距离还要更长。有时是独自一人，有时是在安妮的陪伴下，后来是在勃兰威尔的陪伴下，艾米莉跟在"看守"后面，在荒野上来来回回。她全心全意地热爱着这片荒凉的区域，

---

① 本段译文摘自译林出版社2010年出版的《呼啸山庄》杨苡译本。

这片土地时而干涸,时而遍布沼泽,农场主要耗费很大的精力才能维持生计。她喜欢那些躲藏在这片土地上的生命:狐狸、兔子、野鸡、乌鸦和松鸡。她不断探索这些鬼鬼祟祟的生物的踪迹,并且把牧师公所屋后的煤棚改造成了受伤动物的医务室。除了"看守"之外,她还收留了"英雄"这只隼和阿德莱德、维多利亚这两只鹅。她的童年充满了和安妮一起悉心照料各种各样受伤的鸟儿的喜悦,她试图让这些鸟儿免遭大自然恶劣天气的虐待。

根据同时代人的说法,艾米莉应当与动物世界保持着特别融洽的关系。伊丽莎白·盖斯凯尔最先转述了霍沃思一位居民的匿名证词:"她从未对人类表现出一丁点儿重视,她全部的爱都倾注在了动物身上。"这件逸事出现在夏洛蒂发表的第二部小说《谢利》的第15章里,这件事正是从艾米莉生命中某件无法确知具体发生时间的小事中获得的灵感。艾米莉非常同情一只可怜的流浪狗,她给了它一碗清水,想减轻一点儿它的痛苦。但是,这只动物非但不感激,还在咬了她的胳膊之后逃跑了。艾米莉立刻意识到这一举动的疯狂之处:狂犬病在19世纪上半叶足以造成严重的伤害。她赶紧跑到厨房,拿起塔比烧得滚烫的熨斗,立刻往伤口上熨。我们很难知道这些逸事的可信度有多高,它们首先营造出了艾米莉与读者预想中的《呼啸山庄》作者相符的心理状态。她粗野,忍得住痛苦,应当与她所描绘的世界如出一辙。

可以肯定的是,艾米莉·勃朗特始终是个谜,即便在她的家人眼中也是如此。夏洛蒂在1850年为《呼啸山庄》撰写的序言中并没有表现出对这部小说的深刻理解,她在序言中说,这部作品"从头到尾都粗俗不堪","像欧石楠的根那样荒芜、粗野、布满荆棘"。她理所当然地想到了这部小说诞生的土壤,凭直觉抓住了将她的妹妹与约克郡的土地之间联系起来的力量。然而,她首先担忧地为小说夸张的写作技法道歉,她突出小说中大胆的情节或是其中挣脱了精神习俗束缚的独特思想，这种思想将精神习俗抛到善与恶的冥世中去，对于夏洛蒂这个追求体面的牧师的女儿来说，大概是难以想象的。勃朗特家的大姐之所以谴责《呼啸山庄》或者《威尔德菲尔庄园的房客》的出格，是因为她始终禁锢在当时的精神和宗教桎梏之中，而艾米莉则悄悄地挣脱了这种束缚，安妮先是逆来顺受，后来又奋起反抗，揭示了男女之间的不平等。

艾米莉的作品中最令夏洛蒂着迷的——不过她真的读懂了吗？——正是艾米莉诗歌中的神秘与幻想。

在荒野上，艾米莉·勃朗特被自然的美景吸引住了，在霍沃思的宗教氛围中去寻找让这位年轻姑娘醉心这种神秘经历的理由显然是徒劳的。她的神秘主义与基督教的神学鲜有关联，她与基督教神学也相去甚远，她的上帝首先是内在的，她的经历中有一种引人注目的特质，这在她1837年起的某些诗歌中有所体现：

"先是一阵哀思,
接着苦涩的泪水涌现,
再然后是一阵死寂,
致命的迷雾在欢乐与忧愁之中蔓延;

接着是一阵心悸,继而一阵轻松,
然后一阵微风从上空飘然而至,
再然后一颗星星点亮了苍穹,
星星啊,那耀眼的爱之星子。"

等待、黑暗、启迪,艾米莉不断回忆起这段另一个世界的孤独经历,这是她在心爱的山丘上,或者是在沉睡着的古老的牧师公所墙壁之间隐约窥见的景象。或许,她对霍沃思乡村深入骨髓的依恋之情,她对社会生活的不屑一顾,她桀骜不驯的、让夏洛蒂又爱又怕的个性也因此得到巩固与加深。这一切大概还解释了为何她对一切遭受痛苦的人或物——从受伤的小动物到被鄙视的人类——充满依恋之情。她的哥哥勃兰威尔受酒精和阿片酊奴役，最终耗尽了所有亲人的耐心，而艾米莉却一直支持他到最后。

艾米莉残酷地感知到了一切影响她童年世界的变化：她在1838年3月回到牧师公所之后经历的第一件大事当然是4月份安妮的离开。她的妹妹令人费解地想要当家庭女教师，艾米莉觉得妹妹在逐渐远离她们的游戏。她仍然会不时踏足贡代尔的世界，但是却不再那么真心实意，她渴望的是在这个世界上获得一席之地。12月份塔比的离开令她心碎，唯一值得安慰的地方是她知道塔比就在附近，她养成了经常去探望塔比的习惯。在此期间，勃兰威尔姨妈重申了她在家里的权威，并分配了任务：放假回家的夏洛蒂负责熨烫和家务活，艾米莉负责做饭。这样同住一个屋檐下的生活并不容易，因为老姨妈总是把外甥女们当成是小孩子。尽管夏洛蒂已经23岁了，但是，当她用过热的熨斗把衣服烫焦时，仍然会遭到严厉的训斥。

肖像画家的事业告吹之后，勃兰威尔在1839年2月底花光了所有积蓄，又重新回牧师公所住。不过，他经常离开家去拜访他在布拉德福德或是利兹的朋友。他在家的时候，会一直待到"黑牛"酒吧打烊，回来的时候醉得勉强才能站稳。1839年秋天，艾米莉对他抱着最深切的担忧：他善于活跃气氛的名声远近皆知，每当有路过的游客需要找乐子的时候，酒吧老板就会派人来找他。这个年轻人用尽全力讲各种让人着迷的故事，还会带头唱大家都能加入合唱的经典歌曲。有时候，艾米莉会在深夜穿过墓地，沿着教堂的墙壁走过去，在酒吧附近徘徊。她会透过窗户偷偷看一下，以便知道勃兰威尔是否还能自己回家。有时候，她得扶着勃兰威尔回到牧师公所，他就在客厅的沙发上过夜。

安妮不在的时候，贡代尔的世界仍在壮大：写于1838—1839年的一大批诗歌丰富了传奇故事的情节，这段传奇故事优先呈现了贵族朱利叶斯·布伦扎依达的生活,他的斗争经历,以及他跌宕起伏的爱情故事。他狂热地爱着罗西娜·阿尔科纳,但是,罗西娜却拒绝跟随他去他在贡代尔的蛮荒领地。于是,布伦扎依达又重新回头找他的初恋杰拉尔丁·西多妮娅,他们生了一个女儿——奥古斯塔·杰拉尔丁·阿尔梅达。作为贡代尔王位的继承人,几年之后,奥古斯塔·杰拉尔丁·阿尔梅达在父亲被谋杀后继承了王位。

勃兰威尔是否为了逃避家人的指责才去应聘了一份家庭教师的工作呢?这份工作收入微薄,离北部的湖区不远。1840年1月,这个年轻人走了。或许,比起家庭教师这个职业,更加吸引他的,是那儿的浪漫风景吧。他这份职业生涯极其短暂,因为当年的6月份他就被解雇了。在勃兰威尔离开期间,另一个男性形象占据了勃朗特家小团体的注意力,他就是勃朗特牧师的新助手——年轻的副牧师威廉·韦特曼。

韦特曼牧师是在杜伦大学上的学,他的第一份工作便是在霍沃思教区任职。他为人热情、能说会道，很快就吸引了教区居民和勃朗特家的女孩们。这位年轻的牧师头发卷曲，眼睛湛蓝、饱含笑意，有种不容置疑的幽默感，他成功地活跃了下午茶时光。传记作家为他塑造的是一种喜欢勾三搭四的形象，更因为这位年轻人或许对于工作带给他的这份全新的自由感到很幸福，喜欢和他遇到的所有年轻姑娘调笑。

他并不满足于逗牧师家的女儿们笑，当埃伦·努西1840年2月被夏洛蒂邀请来到牧师公所小住的时候，他公开和埃伦·努西调情。韦特曼始终如一地扮演着他开心果的角色，他匿名给埃伦和三姐妹寄了情人节贺卡，他在这些贺卡上写了一些拙劣的诗句来赞颂牧师公所的美人们。这位年轻的牧师还全力以赴地落实到了行动之中——他步行15公里左右，从霍沃思走到布拉德福德来寄这些卡片。这种欺骗行为当然很快就暴露了，夏洛蒂后来在信件中将他称为"赛丽娅·阿玛丽亚小姐"。我们是否可以在这种将他女性化的称呼方式中看到某种鄙视的标志呢？——这些年轻的"curate"（副牧师）将成为她在《谢利》中优先讽刺的对象之一。或者，她是否在通过这样的方式与自己的感情拉开距离呢？看到这个年轻人四处释放自己的魅力，她感到十分恼火。

韦特曼还成功讨得了严肃的艾米莉的欢心，但是，艾米莉似乎很快就对他的行为感到厌烦。有一天，当这位年轻的牧师坚持要让埃伦在没有其他人打扰的情况下领略一下荒野之美时，艾米莉强行参与其中，还带上了自己的牧羊犬。怀恨在心的韦特曼从此给她起了"副官"这个外号。夏洛蒂在与埃伦通信时回想起了妹妹与这位年轻的教士之间的微妙关系，于是，她又乐不可支地叫起了这个绰号。

1838年12月—1842年2月，艾米莉始终没有离开过家乡小镇（和向往城市生活的夏洛蒂相反），她做着她需要承担的家务活，从不抱怨。当她的姐妹们在家时，她总是第一个起床点上炉子，准备早餐。当她的姐妹们不在时,她就当父亲的助手,给他读书,甚至还跟他一起在荒野上练习手枪射击。勃朗特牧师实际上一直对火器充满兴趣,夏洛蒂在《谢利》中描写赫尔斯顿牧师时就想起了这一点。除了这种乡间的家庭生活,艾米莉并无其他抱负,这让她得以施展自己的想象力和在诗歌方面的才能,也多亏了这种乡间生活,让她能够在日常长时间的散步中,向世界敞开心扉,感受到这种"无拘无束的灵魂":

> "我手握的财富微不足道
>
> 对于爱情我嗤之以鼻
>
> 不过一梦啊,那渴望的荣耀
>
> 于拂晓时消逝
>
> 若我祈祷,那唯一的祷告啊
>
> 令我双唇颤抖
>
> 这便是——'放下我悬着的这颗心吧
>
> 给我自由'

是啊，日子飞快流逝
我渴求的一切就在于此——
跨越生死，怀有忍耐的勇气
一个无拘无束的灵魂"

这首诗题为《老禁欲主义者》，发表于 1846 年出版的《诗集》中，这是一份货真价实的宣言。艾米莉对于一切维持人类日常生活的东西——爱情、成功、金钱——都只抱以蔑视的态度。在她眼中，唯有灵魂的自由是值得殷切追求的："一个无拘无束的灵魂。"她的这种神秘的追求并未受到任何长老会或是英国国教教义的困扰，甚至她的祷告似乎并不是对上帝说的，她总是满足于看到上帝的沉默。比起谦恭地信奉基督教，她更愿意迎接拜伦式的挑战。《老禁欲主义者》像是一个告别写于 1841 年她动身去比利时的前几天。结尾处她影射的"忍耐的勇气"或许就是这趟比利时之旅，她将之视为流放，视为带她远离故乡小镇、荒野和英国的一段旅程。

为罗宾逊夫人服务

将从米菲尔德回来时不满20岁的安妮·勃朗特塑造成无法抗拒韦特曼牧师魅力的无辜受害者已然成为一项传记传统。然而,一切都很明了。必须要注意到,传记作家所依据的那些迹象是相当牵强的:首先,夏洛蒂1842年1月写给埃伦·努西的一封信中有一处附记:"在教堂里,他(韦特曼)坐在安妮对面,轻声叹息,并用眼角的余光看她,以便引起她的注意。"我们从夏洛蒂的信中可以了解到这位年轻的副牧师充满魅力的性格——如果不用浅薄来形容的话。根据1840年6月的一封信,这位年轻的牧师总共有6次成功征服了他想要勾搭的对象。除此之外，我们也了解到，他显然对于他在 1840 年冬天试图引诱的埃伦·努西十分偏爱。因此，他试图引起同样具有魅力的勃朗特家幺女注意的举动就没什么好惊讶的了。

我们已经假设小说中艾格妮丝·格雷爱上的那个牧师韦斯顿先生的灵感来源于韦特曼。必须要说的是，对于这部值得更高评价的作品，在很长一段时间里，仅有的传记性解读一度占了上风。为什么不能承认，安妮和她的两位姐姐一样，都有能力通过想象来构建一部作品呢？不必借助俄狄浦斯理论就足以认识到，出身于教士家庭、习惯于见到年轻牧师拜访父亲的安妮，很自然地就能想象出她会选择一位牧师来代表着理想恋人形象。韦斯顿这个人物似乎与年轻的韦特曼相去甚远，夏洛蒂在信中也隐约提到了这一点：小说中的这个人物充分表现出了霍沃思教区居民在勃朗特牧师身上看到的那种责任感以及同情心，相反，他的稳重、严肃和谨慎显然与他所谓的原型差别甚大。实际上，勃朗特家的这位朋友给了安妮创作出《艾格妮丝·格雷》中另一个人物的灵感：罗萨莉·穆雷的热烈追求者哈特菲尔德先生，这是一位和韦特曼一样，也试图在保守的社会领域中引人注目的野心勃勃的教士。

接着，与抱怨找不到工作的夏洛蒂截然相反，安妮决定不再留在霍沃思。在1839年12月被辞退的安妮，立即就开始找新工作，她1840年5月来到罗宾逊家工作。罗宾逊家的府邸索普格林山庄坐落在距离约克郡约20公里的小乌斯本这个小村庄南部。罗宾逊先生时年44岁，是英国国教的副牧师。不过，由于身体残疾，他只能间歇性地举行宗教仪式。他被尊称为"庄园领主"，也就是说他是坐拥一块领地的贵族，并且享受与这块领地相关的特权。罗宾逊家族很讲究生活排场，索普格林山庄除了牧师一家之外，还住了10个用人——3个男佣，7个女佣。山庄内会组织上流社会的接待，山庄的主人从不计较花费。安妮后来在《威尔德菲尔庄园的房客》中对于贵族的描写很大一部分来自于她对索普格林山庄生活的观察。

罗宾逊牧师掌管着幅员辽阔的农场地界,这片区域几乎覆盖了小乌斯本的所有土地和一部分紧挨着的分成制租田。罗宾逊夫人是一位个子娇小的优雅女士,性格活泼,很会保养身体。由当地画家画的罗宾逊夫人的肖像画并没有显现出特别的魅力。她自己也是出身于一个古老的领主贵族家庭,能够驾驭落到她身上的责任。她以强势的手腕管理着索普格林山庄的工作人员。

安妮是在一个艰难的时刻来到罗宾逊家的——这对夫妇刚刚安葬了他们年仅3岁的小女儿小乔治亚娜。因此,这位家庭女教师需要负责剩下的4个孩子的教育:莉迪亚·玛丽生于1825年,伊丽莎白·莉迪亚生于1827年,玛丽生于1828年,埃德蒙生于1832年。

安妮刚满20岁,她确实有教学经验,但是刚开始在罗宾逊家的日子似乎十分艰难。她一年后在自己的"日记"中记录道——说是"日记"有些言过其实了,考证指出,这是安妮和艾米莉每4年撰写一次的一系列生日便签,这两个年轻的姑娘在一页纸上对当下自己的生活状况作出总结:"我是罗宾逊先生家的家庭女教师。我不喜欢这份工作,我想另外再找一份工作。"然而,安妮在罗宾逊家待了5年,一直到1845年。

与她的女主人公相似,安妮可能曾经也在雇主家遭受过他们的过分要求和某种贵族阶级对家庭女教师自然流露出的蔑视,家庭女教师——夏洛蒂已经充分悲叹过了这一点——不过比用人的地位稍微高一些而已。但是,我们也可以想到,安妮已经逐渐让别人认识到了她的功劳,因为在她离开后,罗宾逊家的女孩们一直和她保持联系,甚至还来到牧师公所拜访她。

霍沃思和小乌斯本之间的路程需要一天多的时间,安妮去了之后就很少回牧师公所。她通过信件从夏洛蒂和艾米莉那儿获得讯息,她陪罗宾逊一家去斯卡伯勒度假,在那儿,她第一次看到了大海的浩瀚无垠，并为此赞叹不已。

1841年6月，她在牧师公所度过了3周的假期，开心地与家人重聚，对于姐姐们的计划也投入了期望。7月，当她重新来到斯卡伯勒时，她大概就是带着思乡之情，专心投入了她在艾米莉的陪伴之下重复过很多次的这项练习之中——撰写一页"日记"：

"今天是艾米莉的生日。她23岁了，我想她现在应该是在家里。夏洛蒂在怀特家当家庭教师，勃兰威尔在鲁登登山脚火车站当接待员，而我，则是罗宾逊夫人家的家庭教师。"

正是在这一页上，她说到了不喜欢自己的工作。再往后一些，她见证了一个在牧师公所内酝酿的似乎已经成形的计划："我们打算开办一所学校，但是，没有任何担保，什么都没定下来，我们不知道我们成功的机会有多少。我希望我们可以办得成……我们现在不在一起。在我们得以重聚之前，可能还得死气沉沉地过好几个星期。"

开办一所自己的学校、摆脱带薪工作的束缚……一个独立的梦想从此将抚慰三姐妹,她们得到了姨妈的支持,而勃朗特牧师的支持则显得更为无力一些。这张"生日便签"上没有一个字提到韦特曼。安妮反而重新走上了她的哥哥姐姐们走过的路:"4年前我在上学。从那以后,我在布莱克庄园当过家庭教师,之后我离开布莱克庄园,来到了索普格林庄园。艾米莉在帕奇特小姐的学校教过书,后来又离开。夏洛蒂离开了伍勒小姐的学校,在西奇威克家当过家庭教师,后来又离开,去了怀特夫人家。勃兰威尔放弃了绘画,在坎伯兰郡当过家庭教师,之后又离开家,成了铁路职员。"

安妮满足于列举事实,以便试图厘清其中的顺序。她对童年的怀念之情似乎与艾米莉相同。《孤儿之泪》这首她在当年年初写的诗,是一首对于她从未见过的逝去的母亲的颂歌,同时也是对于已逝童年的哀悼:

"你的消逝之伤永远无法愈合

我再也无法知晓

生活仍在继续,于是,平静的欢乐

占满了我的头脑"

过去的统一性被一系列荒谬的漂泊所代替,没有人从中获得幸福。夏洛蒂再次陷入同样的怪圈:她曾对西奇威克先生有某种仰慕之情,讨厌西奇威克夫人。同样的剧本在她的新东家身上再次重演,1841 年,她在怀特家只待了 9 个月。她说很喜欢男主人,但是又为这个家庭其他人的缺乏教养和庸俗不堪而惋惜。勃兰威尔此前带着某种热情投身波斯尔思韦特家的家庭教师事业当中,他声称自己已经辞职,接着最终找到了一份似乎与他梦想的事业截然相反的工作:在索尔贝桥火车站当售票员。或许,正是勃兰威尔的命运在安妮心中激起了最沉重的疑问:这样一个出色的年轻人,在梦想过文学与艺术的辉煌之后,如何能够满足于在一个乡下的火车站苦苦等待？艾米莉在她最后在霍沃思逗留期间也对安妮说过她对于勃兰威尔的担忧，她们的哥哥正在变成酒鬼。

"接下来的 4 年会给我们带来什么呢？"年轻的家庭女教师如此自问。安妮认识到，她"总是有着同样的缺陷"，但是她获得的经验和睿智让她有了更多的信心。她认为接下来的几年是决定性的，并指出她的 25 岁是一个"重要的阶段"。最终，她又问自己贡代尔的未来会如何："我寻思着，贡代尔人民是否会始终繁荣发展下去。"

她顺便指出，她正在写索拉拉·弗农传记的第四卷。这是一个贡代尔传奇故事中的边缘人物，她的冒险故事如同其余部分一样已经消失了。即使贡代尔的世界似乎不如安格利亚王国对作者之间的合作要求那么紧密，安妮还是需要在艾米莉身边才能重新恢复灵感，以便充分抓住自己的想象力。背井离乡来到小乌斯本不仅让她远离了霍沃思，而且还让她远离了贡代尔。应该说，是她工作上要承担的种种任务让她根本没有时间写作。

随着罗宾逊家的小姑娘们渐渐长大，安妮充当的角色更多的是女伴，而不是家庭教师。《艾格妮丝·格雷》中叙述者的感受很可能反映了年轻的安妮·勃朗特和她的学生之间关系的演变过程。罗宾逊家（小说里是穆雷家）最初定下的合同十分宽泛：他们的女儿应当变得尽可能"体态迷人，尽善尽美"。至于男孩，则必须增加拉丁文语法入门知识，为他将来入学做准备。"开始的时候"，艾格妮丝·格雷这样评价她的学生中最大的那个，"她表现得冷淡又高傲，接着是蛮横无礼、我行我素，但是，当我们更了解对方后，她一点点放下了架子，深深地喜欢上了我……"

从这一点上来说，这部小说很有可能反映了现实。夏洛蒂在1840—1841年写给最小的这个妹妹的信件中作出的为数不多的评语展示了妹妹遭受的屈辱与困窘。1841年8月，她写道："她得吃那么多苦。每每想到她，我总会在她身上看到一个背井离乡的形象，她要忍气吞声，身边那些盛气凌人、专横骄矜的人对她肆意欺凌。我知道她天性如何敏感，我也知道她在被伤时会有多难受。"这些考虑并没有妨碍夏洛蒂选择艾米莉作为同伴一起去布鲁塞尔。这个计划是在1841年酝酿成形的，安妮在与家人的通信中了解到了这项计划的演变过程。她并不能在暑假里再次见到姐姐。6月底，姐姐的新东家给她放了假，可是，安妮这时却得和罗宾逊一家重聚，陪他们去斯卡伯勒避暑。

夏洛蒂受雇于罗登的怀特家，薪水少得可怜。这是一个暴发户的商人家庭。夏洛蒂必须服从一位在她眼中缺乏教养、举止粗鲁的女人，她对此觉得十分恼怒。然而，怀特一家都是正直的人，他们并没有看不起雇来的这个家庭教师，反而对她有些关注，同时也对她的计划持开放的态度。正是怀特先生向夏洛蒂指出了她这番雄心壮志的局限性：如果不能提供额外的教育，比如外语学习，她如何能在霍沃思这样一个偏远的小镇实现自己开办学校的计划呢？在夏洛蒂看来，去法语学校学习就显得势在必行了。她定期会从以前在洛希尔学校的同窗玛丽·泰勒那儿听到一些消息。玛丽·泰勒并不满足于游览法国的大城市，她在姐姐玛莎的陪伴下，曾经得到过去布鲁塞尔郊区的一间寄宿学校学习的机会。于是，夏洛蒂就在1841年9月给姨妈写信："我不想去法国或是巴黎。我想要去比利时的布鲁塞尔。旅费不会超过5英镑，那边的生活成本几乎只有英国的一半。那边的教育体系至少与欧洲其他地区质量相当。只要一个学期，我就能深入掌握法语，大大提高我的意大利语水平，并且还能学一点德语。"

我们很难分辨激发夏洛蒂这样去做的深层动机：渴望独立，还是需要换个环境？如果只是为了独立，那么夏洛蒂或许就该接受伍勒小姐让她去迪斯伯里荒野重新教书的邀请，但是，勃朗特家的大姐需要走动，需要向世界敞开怀抱。与此同时，她还努力向姨妈证明全家可以从她的这项创举中获得的益处。艾米莉将会陪她一起去进修。安妮迟早也会从中受益，尽管尚不清晰是什么方面的益处。

夏洛蒂在信中多次试图为自己的选择辩解——为何选择艾米莉而不是安妮呢？她的解释方式并不高明。她对姨妈许诺，一旦学校启动，小妹安妮一定会在计划中占有一席之地。她对埃伦则说艾米莉"值得"这趟旅行。可是，难道安妮就没有表现出同样的价值吗？夏洛蒂是否害怕会受到这个健康状况最不稳定的妹妹的困扰呢？艾米莉的教学经验并不丰富，她是否想借此给她找个合情合理的理由呢？她是否向一直以来内心深处的偏向妥协了呢？她有把安妮在索普格林的遭遇考虑进去吗？安妮一年的收入有40多英镑，她完全有资格认为自己坐拥高薪，给家里提供了一份不容忽视的经济支持。

1841年圣诞节前夕，安妮带着一如既往的欢乐心情回到了牧师公所。全家几乎都团圆了，只缺了勃兰威尔,他觉得延迟假期是更好的选择,他的新处境会因为假期而受到损害。这个年轻人似乎专注于他在鲁登登山脚火车站的新工作,并且生平第一次获得了升职。勃朗特牧师自豪地挥舞着一份《哈利法克斯卫报》的样刊,他的儿子在这份报纸上成功发表了一首诗。开办学校的计划仍旧引起了诸多疑问:艾米莉和夏洛蒂去里尔学习也成了问题。夏洛蒂想再见到定居在布鲁塞尔的好朋友玛丽和玛莎,却受到了阻碍。安妮倒是可以自夸取得了一点小小的胜利:当她向东家表示可能不会再回索普格林时,她的东家向她保证,她对于罗宾逊家的孩子们来说是不可或缺的。在经过了几个月的犹豫和推托之后,安妮又恢复了平静。

上课、在罗宾逊牧师严厉的目光下沮丧地就餐、浮夸的接待,这些日常又重新在索普格林上演。从一月底开始,安妮就知道,她要到 6 月才能回霍沃思。她每隔很长一段时间才会收到到家里的消息,有夏洛蒂和艾米莉写来的信，也有勃兰威尔姨妈写的信。夏洛蒂最终如愿以偿，她们2月出发去了布鲁塞尔。不过，跟着她的艾米莉似乎不是那么想去。

3月，勃兰威尔回到家里。他火车站的这份工作丢了，而被解雇的准确原因很难知晓。安妮后来听说他的账目上出现了一个11英镑的缺口。当她6月回到家时，她再次见到了这个反复无常的哥哥，他对于在《哈利法克斯卫报》上发表了两首新诗而扬扬得意。但是，他的出现却是与父亲和勃兰威尔姨妈紧张气氛的根源，他们指责他生活放荡，身边尽是狐朋狗友。在休假期间，安妮对韦特曼牧师产生了好感，他尽心尽力地履行自己的职责，终于成功获得了约克郡粗野乡民们的好评。他毫不犹豫地去拜访霍沃思底层和乡下小村庄里那些最穷苦的居民。他也正是因此染上了霍乱，1842年9月初，他死于霍乱。

安妮对于无法回霍沃思悼念这位年轻早逝的牧师

而感到万分绝望,她在10月份写了几行诗句:

> "是的,你走了!永不再回
> 你阳光般的微笑令我欣喜不已;
> 我也许可以跨过老教堂的大门,
> 踏过埋葬你的土地。
>
> 我也许可以站在那块冰冷潮湿的石头上,
> 想着,那冰冻住的、长眠于地底的
> 是我所认识的最轻盈的心灵,
> 是我生平认识的最好的朋友。"

这首颂词是传记作家言之凿凿地构想安妮与韦特曼之间爱情故事的最后片段。安妮失去了她称之为"最好的朋友"的人,同时,她也准备好了让她最大的敌人进入索普格林。尽管她和父亲、姨妈一样,都十分担心勃兰威尔,但是,她还是向东家描绘了一个理想化的哥哥的形象,他们最终决定聘请勃兰威尔来当家中独子的家庭教师。她此时并不知道,她已经为自己和哥哥的命运安下了悲剧的齿轮。

艾米莉在布鲁塞尔

1842年2月8日,即将满24岁的艾米莉生平第一次在利兹火车站坐了火车,和她一起的有她的父亲、夏洛蒂,以及姐姐夏洛蒂的两个朋友玛丽和乔·泰勒,这两个姑娘已经经历过好几次这样的旅程了。玛丽·泰勒重新回到比利时库克尔贝赫的古堡,她和姐姐玛莎一道,已经在那儿的寄宿学校学习了几个月。艾米莉最终接受了夏洛蒂的计划,仅仅是因为她想开办的学校必须开在霍沃思。夏洛蒂费尽口舌,把她的理由说得颇有价值,这才打消了艾米莉的迟疑:父亲已经老了,没法永远供养全家。

唯一一个既能获得独立又能留在镇上的方法，就是开办一所学校，但是，如果说她们不能够为未来的学生提供完备的教育，这个计划就没法实现。当然，艾米莉可以教钢琴课，但是，她的法语不够好，她在教学方面可以参考的经验也十分浅薄。她们在比利时只待6个月，这段时间足够让她们打好法语口语的基础，并强化两姐妹在学校里学到的和后来自己获取的知识。

旅客必须先到伦敦，然后，从伦敦塔桥码头坐船去奥斯坦德，最后再从港口坐公共马车，经过110公里的路程，抵达比利时首都的港口。库克尔贝赫的贵族寄宿学校的收费对于一个外省的牧师来说十分昂贵，因此，勃朗特牧师转向比利时大使馆的指导神甫埃文·詹金斯先生求助，希望他能帮忙找到一所合适的学校。詹金斯夫人坚信，要在布鲁塞尔找到一所符合霍沃思副牧师预算的学校是不可能的，她先是推荐了里尔的一个地址，夏洛蒂最后勉强接受了这个提议。然而,就在出发前三周,这位詹金斯夫人又指出了一所完全符合他们要求的学校,这所学校是由一位姓埃热的夫人开办的,坐落在比利时首都中心的伊莎贝尔大街上。几番通信之后,事情就这么定下来了,勃朗特姐妹要等到2月初。

对于艾米莉而言,这趟旅行包含了许多个激动人心的第一次——第一次坐火车旅行,去探索首都和大海;第一次坐船渡海,但是,她却对此无动于衷。她的父亲选择了"章节咖啡馆"作为伦敦之行的落脚地,这是他上学的时候经常光顾的坐落在大学城里的一家店铺。"章节咖啡馆"的位置对于想要探索这座城市的外省人来说十分理想:它距离圣保罗大教堂只有几步之遥,位于一条步行街的中心,也因此免于大学城特有的纷乱。

兴奋的夏洛蒂什么都想看:圣保罗大教堂的穹顶,她任凭自己沉醉在这座飞速发展的城市那光怪陆离的景象之中。这座迷宫般的、四通八达的、充满贪念的城市自从她创造出玻璃城以来就深深攫住了她的想象力。"我喜欢伦敦的个性",夏洛蒂在她最后一部小说《维莱特》中借女主人公和叙述者露西·斯诺之口这样写道:"在这座大城市里,我感到思想的灵光飘荡在我左右。除了懦夫,谁会缩在小村庄里虚度一生,任由自己的才华在默默无闻中永远腐朽殆尽呢?"惊喜探秘伦敦、穿越英吉利海峡、欣赏比利时的平淡风景——这些都是夏洛蒂在借由露西这个人物重温自己的人生经历。《维莱特》出版于1853年,这无疑是夏洛蒂的小说作品中最具自传性的一本。小说以想象的方式,重现了夏洛蒂在比利时的经历,以及夏洛蒂对她的修辞学老师的狂热爱慕,比利时在小说中变成了拉巴色库尔,布鲁塞尔则成了虚构的城市维莱特。在此期间,夏洛蒂匆匆游览了威斯敏斯特大教堂、大英博物馆和伦敦国家美术馆。让玛丽大为震惊的是,夏洛蒂在艺术方面表现出了令人惊诧的高超素养和准确评判。

艾米莉并不像姐姐那般狂热，她的理智让她接受了夏洛蒂设想的计划，但是，她的灵魂仍系在约克郡的荒野上，系在被风倾轧的欧石楠丛中。每多走出一公里，不过是徒增了她尽快回去的决心而已。与夏洛蒂不同，艾米莉坐在连接伦敦和奥斯坦德的汽船上时并不晕船，她并没有陶醉在平淡无奇的比利时乡间景色中——充分灌溉的整齐划一的农田、一排排整齐有序的柳树、笔直的运河。

在比利时的旅馆里的最后一晚，夏洛蒂跟快活的玛丽·泰勒和那些英国游客们道别，品尝了当地的啤酒和油腻的菜肴。这些游客在"荷兰酒店"度过了这个夜晚。第二天早上，詹金斯夫妇来接勃朗特一家，带他们去伊丽莎白大街，埃热夫人在那儿等着他们，而玛丽则重新回到她在库克尔贝赫的学校。

女校长十分谦恭有礼地接待了勃朗特一家。她身材矮小，胖乎乎的，待人亲切有礼，与维多利亚时期的小说中常见的严厉的英国女教师形象完全不同。埃热夫人当时38岁，正怀着她的第4个孩子。她从1830年起就在这间寄宿学校当校长，后来又把学校买了下来。每年在校的学生维持在60~80名之间。在与校长见面之后，勃朗特牧师飞快地参观了校舍，于是他放下心来，立刻就起身返程。这些样式经典的简朴楼房总共有两层楼的房间。楼房后面是一个花园，挤在紧挨着主楼的两栋相邻的建筑物侧面和将它掩藏的路边高墙之间，这个花园里藏着紫藤架、开满花的花坛、蔓生植物以及《维莱特》中提及的那条著名的"禁忌小道"，这是一条通向阿森纽姆学校的小路，校长的丈夫埃热先生也在这所男校教书。

埃热夫妇属于信奉天主教的资产阶级，他们投身于夏洛蒂极力抗拒的政治生活，但这并不妨碍她冒着有伤风化的风险去追求受人尊敬的埃热老师。

康斯坦丁·埃热比他的妻子小5岁："我还没跟你说过一个人"，夏洛蒂在1842年5月给埃伦的信中这样写道："埃热先生，校长的丈夫。他是修辞学老师，是个精神十分强大的人。但是，他性格暴躁易怒。他个子不高，皮肤黝黑，相貌丑陋，但脸上的表情瞬息万变。"埃热老师的一部分特征将会体现在《简·爱》中的理想男性形象罗切斯特身上，并且，他还给未来的小说家提供了易怒的保罗先生的原型，保罗先生是《维莱特》中露西又爱又恨，同时又十分渴慕的老师，这个人物时而令人发笑，时而又崇高伟岸，赋予了小说一种哥特式的特征。

保罗先生和《简·爱》中的罗切斯特一样，是一个充满矛盾的人物：他的仪表和他生活的不幸让他提前成为了被喜爱和被宽恕的对象。但是，他同时又兼具了这部哥特式的小说中施虐者的形象，这种哥特式的审美始终影响着夏洛蒂·勃朗特。这位未来小说家的两部伟大的小说和 18 世纪末的那些伟大的哥特式小说(霍乐斯·沃波尔①的《奥特朗托城堡》②或者安·拉德克利夫③的《奥多芙的神秘》④)一样,都具有明显的幻想特征:桑菲尔德庄园的走廊和罗切斯特的宅邸里都回荡着幽灵般的笑声,这笑声夜夜纠缠着女主人公;在维莱特寄宿学校的顶楼,同样也潜伏着一个老修女的幽灵,让露西·斯诺担惊受怕。这二者情况相似,其中出现的超自然现象皆是源于施虐的情人的可疑意图。

埃热老师在布鲁塞尔是一个受人尊敬的人物:他投身于当代的政治和田园生活,参加过 1830 年比利时

---

① 霍乐斯·沃波尔:第四任奥福德伯爵(1717—1797),英国作家。他的《奥特朗托城堡》(1764 年)首创了集神秘、恐怖和超自然元素于一体的哥特式小说风尚,形成英国浪漫主义诗歌运动的重要阶段。沃波尔写了大约 4 000 封信,其中一些被认为是英语语言中最杰出的文字。
② 法语书名为 *Le Château d'Otrante*。
③ 安·拉德克利夫:英国女作家(1764—1823),以写浪漫主义的哥特小说见长,被司各特称为"第一位写虚构浪漫主义小说的女诗人"。作品融恐怖、焦虑、悬念的情景和浪漫主义情调于一体。代表作有《林中艳史》(1791)、《奥多芙的神秘》(1794)和《意大利人》等。
④ 法语书名为 *Les Mystères d'Udolphe d'Anne Radcliffe*。

革命者的起义，是"激进自由党人"的一分子，这个党派成员信仰天主教，反对荷兰帝国主义统治，并为比利时的国家独立作出了贡献。

1842年的比利时还是一个年轻的国家。维也纳条约将它并入过去的荷兰共和国，组成了荷兰联合王国。这次合并得到了英国的支持——英国更愿意看到与它相距最近的欧洲大陆滨海地区处于新教国家的统治之下。然而，在1830年，从右派的天主教到左派的自由党人，所有的党派都联合起来宣告独立。比利时人拒绝承担不属于他们的荷兰共和国的债务，拒绝忍受为荷兰人民设立的机构，这些机构大部分坐落于海牙和北部地区。这次革命得到了法国的支持，最终让比利时获得独立。1831年7月21日，国王利奥波德[①]宣誓继位，成为了这个由反叛者建立的新国家的责任人。

---

① 此处指的是利奥波德一世。

在政治的名利场中,康斯坦丁·埃热处于中心地位:他是天主教出身,从未背弃过自己的宗教,但是,他的敏感和思考促使他接受了自由党人所捍卫的左派进步思想。1833年丧偶之后,他再婚娶了一所女子寄宿学校的校长克莱尔·卓埃·帕伦特,并和她生了8个孩子,其中两个幼年夭折。

埃热老师对工作充满热情,他不仅在妻子的学校教书,而且还在阿森纽姆学校教书。他加入了圣文森特慈善协会,还给贫困的孩子们义务授课。这位灵魂的工程师立即就在这两位从未练习过法语口语的英国姑娘身上看到了自己需要应对的挑战。他为此量身定制了一种教学法。他放弃了借助语法和词汇表来教学,而是打算让学生阅读名家选段(博须埃[①]、

[①] 雅克-贝尼涅·博须埃(1627年9月27日—1704年4月12日),又译为波舒哀、博絮埃,生于法国第戎,法国主教、神学家,以讲道及演说闻名,拥有"莫城之鹰"的别名。他被认为是法国史上最伟大的演说家。著作有《哲学入门》《世界史叙说》等。

卡齐米尔·德拉维涅①、夏多布里昂），与她们一起分析这些选段，并建议她们做一些模仿练习。在这位比利时老师看来，古典修辞学显然是一种适合他的学生们研读的审美范式，博须埃和夏多布里昂的长复合句，以及德拉维涅这个在当时被视作是尽善尽美的诗人之一，所创作的结构平衡的诗句，正是古典修辞学的最好阐释；此外，这三位作者的优势还在于他们创作出了道德方面无可指摘的英雄形象。

对于一上来就被老师迷住的夏洛蒂来说，这个方法十分奏效，而挑剔得多的艾米莉则没有立刻就接受。她直言自己的观点：这种方法所能起到的作用，只是让她们失去独创性而已。她在这段时间里写的作业显示出了她的批判精神，或者说是挑衅的精神。只消把姐妹俩交给老师的第一份作业作一下比较就可以发现

---

① 卡齐米尔·德拉维涅（Casimir Delavigne，1793—1843），法国诗人、戏剧家，作品有《西西里晚祷》《老头学堂》等。

问题了。尽管我们无法准确地了解到相关信息,但是,这份作业的主题应该是描绘一个动物。夏洛蒂写了一个道德方面的小寓言:一只没有听取父亲明智忠告的老鼠被打死了。艾米莉则写了一曲猫的颂歌,谴责了一位钟爱"狮子狗"的"挑剔的女士"的狭隘的道德观念,并且将她心爱的狗比作她那踩死蝴蝶的儿子,以此来说明她的残忍:"我很想用猫来呈现您心目中天使的真实样貌,猫的嘴里叼着吞了一半的耗子尾巴……"这里没有用条件式,句法也有些随意,但是,道德层面的思考打破了惯例:"的确",她总结道:"天堂里的猫并不坏。"在这只猫的身上,有着《呼啸山庄》未来的主人公希刺克厉夫的影子,作者兴高采烈地(或许是为了蔑视她那虔诚的天主教徒老师)对它作出了超越善恶之外的定义。

埃热要求他的学生们专心进行法语方面生动、直觉性的练习,并且增加了模仿的作业:老师要求她们效法维克多·雨果描绘米拉博肖像的方式,描绘一位历史人物的生动肖像。艾米莉选择了黑斯廷斯战役[①]的战败者哈罗德,夏洛蒂则转向了隐修士彼得这位讲道者。哈罗德在战役前夕便知道可能会战败,但他的伟大仍旧不可撼动,"神圣的灵魂在他眼中闪耀,唯有死亡可以夺走他祖先的土地"。大家或许会对夏洛蒂的这一选择感到惊讶,她对于天主教教义表现得如此犹疑:她的隐修士彼得矮小粗俗,却有着可以移山的信仰之力。这是一幅埃热老师的隐秘肖像:夏洛蒂似乎明白,要想诱惑他,就得打造出心上人的镜像。

最终,用夏洛蒂的比喻来说,艾米莉开始"像马儿一般"学习。她只在那儿待了6个月,想好好利用勃兰威尔姨妈资助的钱。这两位年轻的姑娘从来没有成功融入同学的群体,必须要说明的是,她们比她们那些平均年龄十七八岁的同学要大得多。就和几年前

[①] 黑斯廷斯战役,1066年10月14日,哈罗德国王的盎格鲁-撒克逊军队和诺曼底公爵威廉一世的军队在黑斯廷斯(英国东萨塞克斯郡濒临加来海峡的城市)地域进行的一场交战。

在罗海德学校一样,这儿的学生都是资产阶级的年轻姑娘,对知识只有浅显的兴趣:在埃热夫人的学校,她们首先寻求的,是成就一桩体面婚姻的教育保证。霍沃思牧师的女儿一个23岁,一个25岁,与这里的环境格格不入:她们穿着简陋(尤其是艾米莉,她钟爱泡泡袖的裙子,这种款式从差不多15年前起就不流行了),行为保守,且对比利时人持保留意见。她们认为,比利时人似乎是肤浅和缺乏尊严的。在她们看来,天主教的宗教仪式铺张,宽容的教义容易导致懦弱,天主教的虚伪令她们感到厌恶。夏洛蒂在《教师》和《维莱特》中(尤其是《维莱特》中)尖锐地讽刺了天主教。在埃热夫人身上,她看到了这种天主教精神内在伪善的完美诠释。

"对任何人都要公正评价,诚实的土生土长的拉巴色库尔女人也有她们自己的伪善……。每当她们需要说谎,她们就用完全没有受到良心谴责的轻松自若的气派说出来。在贝克夫人的整幢房子里,从厨房下手直到这位女指导者本人,没有一个是以说谎为耻的,他们觉得这是无所谓的事:虚构捏造严格说来也许不是美德,然而却是最可原谅的过失。'我说过好几次谎'形成了每一位姑娘和妇女的每月忏悔的项目,神父听了并不感到震惊,赦免也并不出于勉强。"①

埃热夫人从来不高声说话,也从来不生气,她无视纠纷,但是却用无情的方式管理着学校生活。学校里的职工和学生始终受到监督,这位精明的女士冷漠无情,悄无声息地就把让她不满意的学生或是职工辞退了。她这些虚伪的手段一开始就在夏洛蒂身上奏效了。1842年6月,她给埃伦写信说道:

"我觉得,我们是不太可能9月份回家了。埃热夫人建议艾米莉和我两个人再多待一个学期。她打算辞退现在的英语教师,让我来担任这个职位。另外,

---

① 本段译文摘自《维莱特》,吴钧陶与西海合译,上海译文出版社,2013年。

她还在考虑让艾米莉来教音乐……"艾米莉会乐意接受这样的安排吗?不太可能。她是否已经注意到姐姐对修辞学老师的爱慕了呢?这是有可能的,如果真是这样,她不会理解姐姐的想法。老师专制的教学方法和有些天真的自负只会激起艾米莉勉强还算礼貌的冷漠态度。"

夏洛蒂对这位修辞学老师的热情当然令人惊讶。她在1842年5月给埃伦的信中描绘的埃热老师的形象完全没有什么值得称道的。要记得,尽管夏洛蒂已经25岁了,但是她鲜少接触社会,除了她父亲和韦特曼牧师之外,她几乎没有遇到过有学问的男人。要想理解这份热情,简·爱或许可以给出一番解答:当女主人公第一次遇见罗切斯特时,她写道:"我觉得自己并不怕他,在他面前我也鲜少腼腆。要是他是位漂亮英俊的年轻绅士,我也许不会如此大胆地站着,违背他心愿提出问题,而且不等他开口就表示愿意帮忙。"① 简继续说了下去，承认自己确实尊崇"美丽、高雅、殷勤……"但是，她断言，如果她在一个男人身上看到这些特质的话，她就会"像躲避火灾那样"避开"一切明亮却令人厌恶的东西"。正是因为埃热老师相貌并不英俊，所以才让夏洛蒂觉得可以接近，才让她任由自己幻想美好的爱情。她觉得自己外表平庸。虽然她知道，自己在外表上毫无诱惑力，但是，她却十分清楚地知晓自己在学识上的才干。她渴望得到"她的老师"的欣赏，从而获得他的爱情。"老师"这个词最终反复出现在夏洛蒂笔下的所有女主人公口中，这也是令人称奇的事了。在这位年轻姑娘无意识下，她创作的作品中有几分是受到施虐受虐倾向的影响呢？夏洛蒂38岁的时候与蛮不讲理、生性暴虐的贝尔·尼科尔斯牧师结婚。这桩婚姻或许证实了某种

---

① 本段译文摘自《简·爱》，黄源深译，译林出版社，2010年。

自我毁灭式的屈服倾向。姐妹俩没能在8月末9月初的暑假回霍沃思——旅费太贵了。玛丽和玛莎·泰勒回到了英国,把朋友丢给了她们的表兄弟,他们定期在周末接待姐妹俩。与詹金斯牧师和他的妻子相比,玛丽和玛莎的这些表兄弟显得更加亲切。和詹金斯牧师夫妇在一起时,一旦讲完了天气的话题,对话就很难展开了。她们在这所寄宿学校学习法语,也给新生单独上课,两人并不孤独。然而,艾米莉思乡心切,渴望重新找回在童年山丘上无尽奔跑的狂热。梦中,她不停地在荒野和贡代尔的神秘地域上奔跑。

结　局

1842年秋天，夏洛蒂26岁，艾米莉刚满24岁，安妮22岁。三姐妹都渴望独立，她们都在写作。然而，夏洛蒂先后在父亲和索锡那儿碰了壁。索锡是当时声名远播的大诗人，他并不认为女性有可能从事写作事业，这让她们打消了坚持写作的念头——艾米莉或许从来没有想过要以写作为业。她们的写作忠实于童年，和许多19世纪的孩子一样，她们实际上很少玩耍，小姑娘们比男孩们要玩得更少，她们很早就被迫开始干家务活，姐妹们唯一可以操纵和尽情想象的玩具，是勃兰威尔的铅制玩具兵。于是，写作很快便成了与阴暗的日子、严峻的现实和死亡的丑闻进行对抗的坚实堡垒。

1842年秋天，死亡突如其来地席卷了她们身边的人，艾米莉和夏洛蒂先是惊讶地听到了韦特曼去世的消息。接着是玛莎·泰勒。开学后不久，玛丽的妹妹身体十分虚弱，她在英国染上了霍乱，只得卧病在床。夏洛蒂在10月12日听说了她的病情，第二天就赶往库克尔贝赫城堡，却只听到她已经在夜里去世的消息。

11月1日，死亡又离她们近了一步，两姐妹收到一封来自霍沃思的信：勃兰威尔姨妈病得很重。她们俩一想到牧师公所，眼前浮现的便是一幅可怕的图景：姨妈卧病在床，视力很差的父亲没法照顾她，勃兰威尔在某种毒品的作用之下倒在客厅的长沙发上。没什么好犹豫的了，必须回家。等到她们收拾好行李，又收到一封新的来信：姨妈去世了。她们到得太晚了，没有赶上葬礼。稍稍令人慰藉的是，安妮及时赶了回去陪在父亲身边。

在霍沃思,夏洛蒂和艾米莉重新见到了一个颓废的勃兰威尔,他在韦特曼临终之时帮助过他(韦特曼已经成了他的朋友),他在勃兰威尔姨妈生命的最后时刻替她守夜,他看起来已经精疲力竭了。安妮总是显得如此瘦弱和病态,她患有很严重的哮喘病,让人担心她的生命安危。勃朗特牧师此时已经65岁了,他的视力不断下降,他感到越来越难以胜任牧师的职责。

勃兰威尔姨妈的遗嘱公开之后,可以发现,她似乎给几个外甥女留下了每人300英镑的遗产,这笔金额并不可观,但是却让改造牧师公所来接待寄宿生的计划得以实施。勃兰威尔则是只得到一个漆制的小匣子,这是个梳妆盒。这个年轻人一直把勃兰威尔姨妈当作"他的母亲",姨妈是不是因为对他感到失望才选择了剥夺他的继承权呢?她是不是怕勃兰威尔会拿着她留下的钱做坏事呢?还是说她觉得他仍然有办法维持良好的生活状况呢？这位来自彭赞斯的老姨妈道德观念刻板严肃，她如此设立遗嘱的意图始终是个谜。这位老妇人从未公开表达过自己的情感，这个小匣子也表明她并没有忘记勃兰威尔，她很有可能是想通过这种方式，在死后给他上最后一堂道德课。

12月底，这份遗嘱在公证人的见证下公开生效，安妮在勃兰威尔的陪同下回到她的东家身边，勃兰威尔则要去当一个10岁的小男孩埃德蒙的家庭教师。夏洛蒂决定回到布鲁塞尔。艾米莉则是有了一个留在牧师公所的好借口：父亲需要她。从此以后，除了1845年在妹妹安妮的陪伴下去约克远足过一次，她再也没有离开过霍沃思。

埃热老师曾坚持要写信给勃朗特牧师，并且委托夏洛蒂向他转交一封信。在信中，这位老师向牧师表达了他的慰问，表示他理解学生的离开。他强调了夏洛蒂和艾米莉各自的优点和价值，他认为，这要归功于她们父亲的模范教育。尽管如此，这两位年轻姑娘还是不应该中断学业,她们"快要""完全失去未来的可能性"了。多年以后,当盖斯凯尔夫人来到布鲁塞尔调查时(为了撰写夏洛蒂的传记),康斯坦丁·埃热坦言他被艾米莉的天分深深打动。在他看来,艾米莉具备"伟大的航海家"的品质,有着"强大的理智"和"迫切的"愿望。"她的想象力如此丰富",盖斯凯尔夫人写作时转述了他的话,"以至于若是她写了一个故事,那么故事的场景和人物都会栩栩如生、力透纸背……她必定能抓住读者的心。"我们没法表述得更精辟了。

夏洛蒂在布鲁塞尔的第二次旅居显得像是一场灾难。一开始给她提供的条件一点儿也不吸引人:包吃包洗衣服,每年只有11英镑的微薄工资,不过,她可以继续听德语课。出乎意料的是,她成功地在那些交给她教导的布鲁塞尔资产阶级傲慢又倔强的年轻姑娘中树立起了权威。她变得成熟了,教书似乎让她获得了更大的满足感,她不像之前在英国当家庭教师时那样，只把教书看作是讨厌的责任。

然而，在女校长建立的这种虚伪的监督体系之中，她对埃热先生的热情不可能不被人发觉。是因为她给校长的丈夫和妹夫单独上英语课吗？还是因为她投向自己过去的这个老师的目光有些太过专注呢？抑或是因为有他陪伴时她突然就变得活力四射了呢？埃热夫人的亲切逐渐转化成了冷漠，接着变成了敌视。校长不再和她说话，并设法让夏洛蒂不再有课外偶遇埃热先生的机会。于是，夏洛蒂意识到了她在这所冷冰冰的寄宿学校的处境：一个不受欢迎的外国女人和一个十分拙劣的引诱者。暑假里她没有收到任何邀请，因此，她在这所偏僻的学校里又成了孤零零的一个人；她陷入了深深的忧郁之中，这段情节被她搬到了《维莱特》这部小说中：她走向一间教堂，向其中一位她憎恶的天主教神父忏悔，以此告终。

9月中旬重新开课时，夏洛蒂的身体已经极度衰弱，她受到严重的排挤，最终在10月提出辞职。埃热夫人十分得意，同意了她的辞职请求，但是，埃热先生此时或许尚不明白她对他的感情，他插手帮助了夏洛蒂，让她又多待了一阵子。尽管如此，到了12月，她还是放弃了这样的角力，选择重新回到霍沃思。1844年1月1日，埃热夫人大概长长地松了口气，一直送她到奥斯坦德的船上。"离开布鲁塞尔的时候，我的内心非常煎熬，"夏洛蒂后来给埃伦的信中这样写道："我想，只要我活着一天，我就永远也忘不了与埃热先生分离所付出的代价。"

回到霍沃思之后，夏洛蒂重新见到了一个老去的父亲，白内障使他需要依赖艾米莉的悉心照顾。她陪他散步，为他读报，替他写信。夏洛蒂很快就陷入了小镇日常生活的循环当中，她只觉得这样的生活充满了不便。楼梯间的钟不知畏惧地走着，冬天的雪下得漫无边际，孤独如影随形，时间就这样沉沉地流逝。夏洛蒂决定向康斯坦丁·埃热坦诚自己的感情，并借此打探一点消息。这位英国女教师没有收到任何回音。

埃热先生是个品德高尚的教师，他怒火中烧，撕掉了这些信件，并把它们扔进了垃圾桶。可他的妻子却更加谨慎，或者说她只是精于算计，她把这些信找回来重新粘好，这些信件将在1913年单独发表在《泰晤士报》上。夏洛蒂的告白因此成了轰动一时的新闻，因为她的官方传记作者和好朋友盖斯凯尔夫人在撰写夏洛蒂的传记时，曾经小心地掩饰了这段主人公生平中有些荒谬的插曲。

夏洛蒂疲惫又消沉，从此专注于对埃热老师的狂热迷恋之中，她把埃热老师给她的书（帕斯卡和贝尔纳丹·德·圣皮埃尔所著）装订起来，反复阅读她的"老师"在皇家中学的颁奖仪式上所说的话，并且说服了她的妹妹们将开办学校的计划延期。安妮一直默默忍受着她在罗宾逊家的境况，听到这个消息，她非常失望。艾米莉则对此无动于衷，她要负责日常的家务活，重新见到自己养的宠物，她觉得非常幸福，这些宠物里头就有只叫"看守"的那条狗，她已经把开办学校的计划归入了不切实际的幻想之列。她开始把自己的诗作誊写到本子上。

1844年夏天，夏洛蒂重新振作起来，找人印刷了标有学校开办信息的小广告，她给所有能为计划实施带来帮助的熟人写了信。然而，在当年12月，无论是小广告还是各式各样的请求，都没能招到一个人前来报名。必须得认清现实：在霍沃思这样一个偏僻而又朴素的小镇开办一所寄宿女校是不实际的。

安妮把勃兰威尔引荐给索普格林学校，她或许是希望哥哥能远离那些经常来往的来路不明的人，摈弃他染上的那些坏习惯。这个26岁的年轻人已经在当地不同的报纸上发表过一些诗作，画过几幅晦涩的肖像画，他做过的所有工作都以被解雇告终。他酗酒的习惯显而易见，同时，他还变得依赖阿片酊。这种药物以鸦片为主要成分，被广泛应用于当时的药品中，它比一瓶金酒还要便宜，且能够立即产生效果。

德·昆西①在《一个吸食鸦片者的自白》这本让他留传后世并为波德莱尔带来灵感的小书中描绘了一幅在阿片酊的作用之下获得灵感的精确临床图景。首先，毒品打开了梦境之门，让人更敏锐地品味生活，头脑更加清醒，强烈的感觉让人对世界的观感焕然一新，然而，这种体验并非毫无危险，接下来，上瘾会造成失眠，正常的睡梦中也会出现残酷的梦魇、可怕的幻觉，还会造成身体上的痛楚，这会让吸食鸦片的人不断增加用药的剂量。

尽管夏洛蒂在信中提到，他们的东家对勃兰威尔和安妮十分满意，但是，她仍旧不了解，她的弟弟作出这样的改变需要承担多大的压力。这个年轻人远离了他在布拉德福德和哈利法克斯的朋友，他觉得自己被流放了。他在 1843 年初写道：

---

① 托马斯·德·昆西（1785—1859），英国散文家。

> "今晚,我远离了,
>
> 过去我所熟知的一切,
>
> 没有什么能让我今日的灵魂
>
> 回想起往日的喜悦"

罗宾逊夫人察觉到了这个年轻人的伤感,她或许对于自己的婚姻感到失望——她的丈夫是一位脾气暴躁的残疾教士,于是,她对儿子的这个家庭教师产生了感情。这种温柔的感情很快在环境的催化下转变成了私情。勃兰威尔和安妮一样,都不和这家人住在一起,罗宾逊家给他在一座17世纪的古老农场老庄园里安排了一个房间,这方便了他们的秘密幽会。这桩私情直到1845年7月才暴露。安妮在当年6月份辞了职,她始终拒绝解释自己做的这个决定。不过,这十有八九是因为她不赞同哥哥这段罪恶的私情,于是,她选择远离这种从未令她心满意足的境况。

勃兰威尔在牧师公所过暑假的时候收到了他的辞

退信：没有任何官方理由解释辞退这回事，而给他下的命令是不要与罗宾逊家族的任何一位家庭成员有所接触。勃兰威尔非常沮丧，他尴尬的解释让大家明白了他和罗宾逊夫人有私情，这在同年 10 月他写给朋友弗朗西斯·格兰迪的一封信中得到了证实。在信里，他讲述雇主的妻子对他展现出一种"好意"，这种好意最终转换成了一种"更温柔的情感"，还有这三年间，他有多么逍遥快活，就有多么担惊受怕。

索普格林的这段艳遇成了勃兰威尔人生中一个不可回头的转折点，这使他遭到了姐妹们的鄙视。安妮和夏洛蒂从未原谅他闹出的这件丑闻。1846 年春天，罗宾逊牧师去世，这让勃兰威尔又燃起了希望。勃兰威尔幻想在不久的将来迎娶这位寡妇。然而，希望很快就被罗宾逊夫人的一封信浇灭了。遗嘱中有个条款是禁止她再见过去的情人，否则就要剥夺她的继承权。假如这一条款是真实存在的，那么，它确实恰到好处地约束了这位希望从此享受久违的自由的寡妇。勃兰威尔在写给朋友的信中表示,这封信是"致命的一击",使他"深受打击,变得冷漠无情"。1846年10月,他在利兰坦言:"对我而言,一切都笼罩在迷雾与黑暗之中",几个月后,他又说:"我永远也实现不了朋友们寄予我的厚望,因为在28岁的时候(他实际上是30岁),我已经垂垂老矣。"

有关死亡的念头从此萦绕在这个自觉堕落的年轻人心头。他用一种令人毛骨悚然的幽默感,草草地画了一些自画像,在这些画中,他以死神纠缠着的自缢者或是卧床抽鸦片的形象出现。他想要重新找份工作或是发表作品的愿望无以为继。1846年2月,他意外地发现自己被排除在一项计划之外。这或许是给他最后的致命一击。他的三个姐妹其实在准备出版一部诗歌合集,但是她们却没有一个人想过要让他参与进来。

尾声：作品及其后续

终于成了作家！

"文学这个行业已经对我永远关闭了大门，只有教书这个行业的门还是敞开的。"夏洛蒂痛苦地说道。她在1844年给康斯坦丁·埃热寄去了多封绝望的信件，而正是在其中一封信中她吐露了这样的心声。1845年底，形势发生了改变：大家一致认为勃兰威尔没有资格参与她们的计划，这个过去受到百般赞扬的兄弟,现在只配受到斥责。也没人再讨论为一项空想的事业献身的事儿,三姐妹中的任何一个都不会再相信这样空想的蓝图。如此严厉的夏洛蒂似乎很快就忘了她自己的经历,不久之前,她难道不是也在追求一个已婚男人吗?只有勃朗特牧师勉强还对儿子有一点信心;在他看来,这个年轻人是个受害者,被一个不择手段的引诱者所勾引,他的天赋和他的社交关系仍然能够帮助他重新振作起来。勃兰威尔姨妈留下的遗产让三个姑娘可以在一段时间内不必出去工作,于是,再也没有任何事情可以阻止她们重新尝试写作。

在回顾了近期发生的大事之后,安妮在1845年7月的"日记"中提到,写作已重新成为了一件十分重要的大事:"艾米莉正在写朱利叶斯皇帝的生平,她读了一部分给我听,我很渴望听到后续的发展。她还写诗,我寻思着她会回忆起什么——我已经开始写《个人生活中的片段》的第三卷。"艾米莉这边则是非常满意近期贡代尔故事的发展,她宣称:"我们想要让自己与这些无赖(贡代尔人)紧紧地联系在一起,只要他们能消遣我们,那么,无论他们做什么,我都很高兴能及时发现。"

《个人生活中的片段》大概是后来的《艾格妮丝·格雷》的第一稿。艾米莉全身心地投入她贡代尔的世界之中,似乎并没有发现这个世界已经对她的小妹妹失去了吸引力。安妮渴望多一些现实主义的东西,希望以她简短的个人经历为基础,写一部典型的、具有教化作用的作品,这部作品会突出道德的益处,与这种严格要求的道德形成鲜明对比的,是她在自己的哥哥身上和她所服务的领导阶级成员身上观察到的明显的品行不端与卑劣可耻。

然而,却是夏洛蒂第一个将三姐妹的文学追求付于实际。她在为艾米莉和安妮 1850 年再版的小说撰写生平简介时,伤感地提到了这则轶事:"1845年秋季的某一天,我无意中读到了一册诗集,正是出自我妹妹艾米莉之手。当然,对此我并不感到惊讶,因为我知道她有能力写诗,我也知道她写了这些诗。我浏览了这个册子,然后被某种比惊讶更甚的东西牢牢地吸引住了。我无比确信,这里面并不是一些寻常的感情流露,这与女性通常所写的诗毫无相似之处。我觉得,这些诗句简洁有力,并且十分真实。它们在我耳边奏响了一曲独特的音乐——难以抑制,充满忧郁,却又令人兴奋。"

夏洛蒂"偶然的"泄密让艾米莉非常生气,经过了几周的艰难谈判之后,夏洛蒂才说服她同意出版计划。艾米莉最终接受了这个计划,但条件是作品必须用笔名出版。夏洛蒂最终找到了艾洛特与琼斯公司,这个出版社专门从事宗教作品的出版,同意以作者合集的形式出版她们的作品:三姐妹从此投入了工作当中,将作品中影射安格利亚和贡代尔的部分删除,修改她们的文字,并选择作品出现的先后顺序。1846年2月6日,夏洛蒂寄出了作品:"先生们……"她给编辑们写道:"按照约定,我给你们寄去了手稿。你们会发现,这部《诗集》是三个人的作品——他们来自同一个家庭,每篇作品对应的作者用他们各自的签名作了标注。"三姐妹选择了与各自名字首字母相同的笔名:柯勒,埃利斯和阿克顿·贝尔。

尽管夏洛蒂看起来十分欣赏艾米莉的诗作,她还是优先安排了自己的作品,在汇编成册的61首诗中,她的诗作中占了过半。这些是长篇叙事诗,从技巧上来说无可指摘,但是并无任何新颖之处,艾米莉的诗则因其音乐性、主题的独特性和所呈现的画面的大胆夸张而与众不同。例如,在《星星》这首诗中,她讲述了白天与黑夜之间的战斗。诗人陶醉在星光之中,星星的"眼睛""整夜"都在"搜寻"自己的光亮,它哀叹着白天的出现和太阳至高无上的权力。歌颂黑夜其实也是在歌颂女性,这使得诗的内涵打上了情欲的烙印，赋予了这首诗坚定不移的现代性笔调。

诗集于 5 月出版，这是一个暗绿色封面的小册子，上面闪耀着的烫金字母正是三位作者的签名。这部诗集当然不引人注目，但是，一位名叫西德尼·多贝尔的评论家在《雅典尼恩》中证实了夏洛蒂的直觉：埃利斯是三兄弟中的诗人，他的"灵感"值得"走入大众视野"，他的诗表现出"鲜少达到的一种力量和广度"，同时还表现出一种"巧妙而独特的智慧"。这本小册子并没有卖出去；夏洛蒂在一年后写给德·昆西的一封信中提到，她们的编辑"付出了极大的努力"，却并没有将《诗集》成功推销出去两册以上。直到《简·爱》获得成功之后，夏洛蒂的新出版社史密斯与埃尔德出版公司才重新购买了未卖出的诗集，并为它们配了新封面，再将它们投入市场。

或许是受到计划失败的冲击，三位作者立即重新投入了工作。夏洛蒂在1846年4月写的一封信中骄傲地向艾洛特与琼斯公司宣布，柯勒、埃利斯和阿克顿·贝尔正各自在写一部小说，他们（她们）并不想"自费出版这些故事"。两位编辑以出版社的商品目录需要兼顾宗教使命为由拒绝了她的请求，但是他们给了夏洛蒂一份地址清单，勃朗特家的大姐决定利用这份清单，这同时也刺激了姊妹三人的创造力。

夏洛蒂致力于《教师》的写作，在这部小说中，她借鉴了自己在布鲁塞尔的经历，并将这段经历大张旗鼓地搬到了小说中。小说讲述了法语教师威廉·克雷兹沃斯和他的学生弗朗西斯·埃文斯·亨利之间的爱情故事，故事里两人最终结了婚。这部作品并非毫无意义，不过，故事叙述者的男性心理状态毫不可信，叙述中也充斥着说教性质的评论。

安妮在《艾格妮丝·格雷》中更加有分寸地搬移了她当家庭教师时的经历，这个故事分为两部分，与她先后体验的两段经历相对应,她还写了一个相当俗套的乐观结局——她的女主人公嫁给了一个令人尊敬的牧师,丈夫给了她一种朴实却幸福的生活。

至于艾米莉,她则是专注于一个充满了喧嚣与狂热、带有幻想色彩的故事。尽管故事的背景是真实的——约克郡的乡村,但是,相比现实主义的故事,这个故事似乎更具有幻想故事的特质。希刺克厉夫和凯瑟琳·恩萧受到阻挠的爱情、主人公无可避免的复仇从此成为了世界文学遗产的一部分。这部作品不断提出疑问,它的传奇色彩不仅体现在主题的广泛性上,同时也体现在一位初出茅庐的小说家极其娴熟的写作技巧上。

这三部小说于1846年7月完稿,在1846年8月间被寄往不同的出版社。1847年4月,艾米莉和安妮收到了托马斯·考利·纽比的肯定回复,他同意出版《艾格妮丝·格雷》和《呼啸山庄》,但是却拒绝了夏洛蒂的《教师》。许诺给这两个见习小说家的条件却并不优渥，因为她们必须预付50英镑，这笔钱会在小说售出后报销。两姐妹的喜悦之情显然因为夏洛蒂的失败而黯淡下来——夏洛蒂是她们文学事业的主心骨。她们甚至犹豫是否要接受纽比的条件，因为她们一旦接受，必然会葬送《教师》。对于19世纪上半叶的英国出版商来说，小说必须要分三卷出版：纽比将《呼啸山庄》和《艾格妮丝·格雷》视作一个整体已经是破例了，这两部小说加在一起勉强达到当时一部"小说"惯有的规格。《呼啸山庄》分为两部分出版，《艾格妮丝·格雷》被视作是第三卷。然而，夏洛蒂却鼓励她们接受。必须要说的是，几个月来，她都在激烈又兴奋地创作自己的第二部作品：《简·爱》。

在寻求出版的过程中，勃朗特家的大姐收到了久负盛名的史密斯与埃尔德出版公司的热情鼓励。尽管这个伦敦的出版社拒绝了《教师》的稿子，但是，它也承认这部作品具有一些价值，并且明确提出了几个建设性的批评意见，最后但同样重要的是①：它鼓励这位作者提交一部能够以通常采用的三卷本规格出版的作品。1847年6月，当夏洛蒂收到这份鼓励时，她事实上已经写完了《简·爱》。

这部作品是前一年夏天她在曼彻斯特的一个诊所陪父亲时开始写的。这位老人终于下定决心做白内障手术，这个棘手的手术在当时不用麻醉药，但却可以保证收到效果。老人在1848年重新获得了充分的自主权，并重新承担起了牧师的职责。这种状况让负责照看他的夏洛蒂可以利用那些无所事事的漫长白天来专注创作这部她酝酿了很久的小说。这部小说讲述了一位孤儿家庭女教师从童年到结婚的生活。作为新版灰姑娘，简遭遇了傲慢的后母带来的麻烦，经历了条件艰苦的学校——这个学校令人回想起柯文桥女子学校的痛苦经历，她与她的雇主、富有而又善变的罗切

---

① 此处原文为英语 last but not least。

斯特之间的爱情受到百般阻挠，她背井离乡，最终获得了幸福。这部小说采用了哥特式小说的推进方式，立即就得到了编辑的赞许。

乔治·史密斯在他的自传中回忆了他初次接触夏洛蒂作品的情形："一个星期六的早晨，吃完早餐之后，我拿起了书桌上的《简·爱》手稿开始读。我很快就被这个故事迷住了。中午到了，用人把我的马牵到门前，但是，我没法放下这本书。我草草写了几行字给我的朋友：我真的非常抱歉，但是，在目前的状况下，我不能与他碰头。我把这些话告诉了马夫，又继续读这份手稿。当用人过来告诉我饭菜已经准备好了时，我跟他要了一个三明治和一杯牛奶，又继续读《简·爱》。我赶紧咽下了晚饭，上床睡觉之前，我终于读完了。第二天，我们写信给柯勒·贝尔，通知他我们愿意出版这部小说。"

乔治·史密斯也许是第一个认识到《简·爱》影响的人。《巴里·林登回忆录》的作者、大作家萨克雷①公开表示他对这部小说爱不释手，新闻界也对它表现出了极大的好感：严苛的《泰晤士报》对这本10月份出版的书给出了"出色的"评价，《威斯特敏斯特评论》甚至认为这本书是"年度最佳小说"。《简·爱》在几周的时间里成为了一个名副其实的出版现象。托马斯·考利·纽比此前一直不太担心《艾格妮丝·格雷》和《呼啸山庄》要经历的考验，他想借《简·爱》成功的东风，在1847年12月份推出这两部小说。他的计划差不多成功了，因为对于神秘的柯勒·贝尔的好奇心很自然地就转嫁到被介绍为他的兄弟的这两位作者身上。尽管如此，评论还是有着很大的分歧。

这两部作品同时出版，自然而然就会引发比较。《呼啸山庄》令人困惑，或者说令人反感，而《艾格妮丝·格雷》则受到了不冷不热的欢迎：《雅典尼恩》

---

① 威廉·梅克比斯·萨克雷（1811—1863），英国作家，其代表作品是世界名著《名利场》。与狄更斯齐名，为维多利亚时代的代表小说家。还著有《班迪尼斯》等作品。

上表达的观点概括了两相比较的大致内容,《艾格妮丝·格雷》"尽管不甚有力却更让人接受"。《呼啸山庄》的言论有违道德,令人不快,保守的《评论季刊》认为这本书是"可怕无耻的异教"。

死亡与后代

艾米莉和安妮都没有时间来品评她们的作品引发的全部评论了。传奇的勃朗特家族的兄妹们在几个月的时间里先后经历了死亡,勃兰威尔是第一个去世的。1848年9月24日,勃兰威尔因过度酗酒和滥用阿片酊而精疲力竭。他受失败经历所困,被肺结核折磨,他曾经是家人的希望,如今却已经变成了他们的痛苦。他反复思考那些未能实现的愿望,总是在黑牛酒吧过夜,他得了震颤性谵妄,甚至差点放火烧了牧师公所。

1848年初,过度酗酒再一次让勃兰威尔筋疲力尽地躺在床上,他最后终于开始发谵妄,并且苦苦挣扎，之后陷入了深深的昏迷之中。他混乱的动作打翻了夜里照明用的油灯，火苗席卷了床铺。安妮经过哥哥的卧室门口，浓密的烟雾引起了她的警觉，她试着叫醒勃兰威尔，但是没能成功。惊慌失措的安妮去找艾米莉，艾米莉飞快地跑进卧室，把哥哥推下床，将他拖出了房间，之后才用被褥扑灭了火苗。勃兰威尔最后在父亲的房间睡下，在这个房间里，他被可怕的梦魇折磨。安妮和夏洛蒂放弃了这个行为背德的兄弟，而艾米莉则是给予了他关爱和支持，一直到他生命的尽头。

艾米莉紧跟在哥哥身旁，她在哥哥的下葬仪式上着了凉，之后轮到她生病了。1848年10月29日，夏洛蒂向她的朋友埃伦吐露了她困扰已久的担忧："艾米莉的感冒和咳嗽一直没好。我非常害怕她忍受不了胸痛，有时候，她活动时稍微多耗费一点精力就会喘不上气来。她很瘦，面色十分苍白。她谨言慎行的性格让我很苦恼。问她是没用的，她不会回答。劝她吃药更加无济于事。她根本不吃。我也无法对安妮身体虚弱的事实视而不见……"艾米莉拒绝了所有的药品，执意要无视自己的病到底。夏洛蒂在对她的生平简介中指出，她的妹妹——"对他人充满同情，却对自己毫不怜惜。她的精神对于肉体来说非常无情。"12月19日，艾米莉是清醒着走向死亡的，与她1846年写的她最著名的诗作之一中的句子完全吻合："我的灵魂不是懦夫。"

最小的这个也只剩下几个月的生命了。安妮自从《艾格妮丝·格雷》出版之后就特别努力。尽管遭到了夏洛蒂的严厉批评，她还是完成了她的第二部作品《威尔德菲尔庄园的房客》。基斯利的教区本堂神甫饱受嘲弄的妻子柯林斯夫人的遭遇给安妮带来了第二部小说的灵感。柯林斯夫人在1840年秋天曾经来询问过帕特里克·勃朗特的意见：她的丈夫尽管因为身份的缘故受到尊重，但是，他酗酒，经常打她，甚至有时候还对孩子动手。勃朗特牧师当时建议她离开丈夫,身为教士提出这样的建议比较出人意料;这个年轻的女人表示决心听从牧师的建议,但是她并没有这么做。夏洛蒂在 1847 年 4 月的一封信中讲述了柯林斯夫人再次来拜访父亲的事:"我内心非常同情她,她的焦虑和遭受的不公正待遇让我产生了恻隐之心,她身体的衰弱让我差点儿落泪。"柯林斯夫人跟随丈夫去了曼彻斯特,后来又有了第二个孩子,但是这个卑劣的牧师最终还是抛弃了她。

安妮选择对现实进行改造,赋予了她的主人公格雷厄姆夫人独立的意志和反抗的能力,而她的原型并没有表现出这样的特质。这个女性人物因丈夫的酗酒和粗暴而奋起反抗,她决定以隐姓埋名的方式重获自由,这不仅令夏洛蒂反感,还冒犯了一部分守旧的刊物。安妮的编辑纽比将这本书作为柯勒·贝尔的作品介绍给了他的美国客户,这进一步加深了夏洛蒂对这部小说的敌意。于是,两姐妹决定去伦敦向史密斯与埃尔德出版公司表明自己的身份，并消除所有模糊不清的疑虑，但她们同时又想不惜一切代价继续隐藏真实身份。她们拒绝被介绍给欣赏她们小说的评论家和同行。

尽管《威尔德菲尔庄园的房客》引起了一些不利的评论，但是，它收获的成功却不容忽视——在出版后一个月，这本书已经售出了250册。《简·爱》最开始的500册销量是在三个星期内达到的。纽比为了让大家相信这样一个出版现象，假装要进行二次印刷——其实他只是给剩下的250册书增加了一个作者序言。安妮在序言中为自己的书辩护，自省了一个作者应当如何呈现恶，并指出，以礼节的名义无视现实主义是一种道德上的错误。安妮坚持将自己的身份与柯勒和埃利斯·贝尔的身份区分开来，这也说明这个问题确实引起了评论界的激烈讨论——更何况她惹恼了夏洛蒂——纽比的小伎俩最终以招来麻烦收场。贝尔兄弟真的是男人吗？他们实际上是不是同一个作者呢？安妮否认了，夏洛蒂在《简·爱》的第三版序言中也予以否认，然而，这并没有消除所有的疑虑。

安妮和她"脆弱的身躯"很快就证实了夏洛蒂所有的担忧：和艾米莉一样，她也染上了肺结核，她无比艰难地度过了1848—1849年冬天。她比姐姐更听话些，接受了医生规定的治疗，但是，这些治疗收效甚微，夏洛蒂恐慌地看着她的最后一个妹妹日渐衰弱下去。利兹的蒂尔医生在一月份诊断出她得了一种肺结核，但是他只能阻止病情恶化，不过，他要求采用新的卫生措施。1月10日，夏洛蒂给她始终信赖的埃伦写信，说她只看到"极其微弱的黑暗中的亮光"。安妮听从了这样的安排，失去艾米莉的痛苦似乎让她已经缩减的生命力变得更加沉重。4月，她表示希望再看看斯卡伯勒的海。夏洛蒂做好了旅行准备，约好了与埃伦重聚。拖延许久之后，两姐妹决定5月24日出发，她们在约克稍作逗留，安妮很喜欢哥特艺术的高雅，她在那儿最后一次参观了大教堂。她们25

日抵达斯卡伯勒,她们已经提前在那儿租了一间面朝大海的公寓。在海滩上费劲地散完步之后,安妮在5月27—28日的夜间"通向了永恒的时间"——这是夏洛蒂的表述。

兄弟姐妹中唯一健在的夏洛蒂组织了葬礼,她写信给父亲,劝他不要长途跋涉来斯卡伯勒——无论如何,他都赶不上葬礼了。另外,她还害怕这三场死亡会给这位日渐虚弱的老人带来致命一击,她将会成为他的守护者。夏洛蒂从此就是贝尔家族文学遗产的继承人了,她对勃朗特姐妹文学命运的影响将是决定性的。她通过《简·爱》获得的成功赋予了她一种权威,她将会以一种令人惊讶的自信对这种权威加以利用。

夏洛蒂把1849年下半年的大部分时间用来写她的第二部小说《谢利》。在这部小说中,她重现了一个从各种依附中解放出来的理想的艾米莉的形象。这第二部小说让她的编辑们很失望,但却收获了更加有利的评价。然而,这部小说的风格最终暴露了她的出身。她被一个住在曼彻斯特的霍沃思本地人在报刊上披露：从作者使用的那些只能是来源于霍沃思的词汇和习语加以推断，他很快就得出了结论，写这部小说的人只可能是牧师的女儿。夏洛蒂名气渐长，她的朋友圈也在扩大，她让人给哈里特·马蒂诺①和伊丽莎白·盖斯凯尔寄去了《谢利》的签名样书。她非常欣赏马蒂诺这位女文人的作品，而小说家盖斯凯尔后来则成为了她的传记作者。1850年，当她在伦敦的编辑家里做客时，她第一次遇见了她的这两位朋友，同时还遇到了大作家萨克雷。她去看戏，参观博物馆，又赴史密斯的邀请去了苏格兰的爱丁堡，如此延长了她逗留的时间。多亏了她新结交的这些朋友，这位新晋

---

① 哈里特·马蒂诺（1802—1876），也有人翻译为哈丽雅特·马蒂诺，女作家，生于英国诺福克郡诺里奇。1821年开始写论文和短篇小说，当她不得不自力谋生以后，便成为一位很成功的社会问题、经济问题的历史方面的著作家。著有《政治经济学的解释》（25卷，1832—1834）和《释济贫法和贫民》（1833—1834）。1834—1836年她曾到美国访问，之后出版了《美国社会》（1837）和两部小说。1853年她节译了孔德的《实证哲学》。她还为日报、周报和评论杂志写文章。

著名小说家就这样探索了英国，她受邀去了哈里特·马蒂诺在湖区安布赛德的家，还去了伊丽莎白·盖斯凯尔在曼彻斯特的家。

从爱丁堡回来之后，夏洛蒂开始着手进行妹妹们的小说再版，再版还附上了一些诗，一共17首，是她从艾米莉留下的本子中挑选出来的。正是西德尼·多贝尔赞扬艾米莉小说的一篇文章让夏洛蒂决心实施这项工作。尽管这篇文章着重强调了艾米莉文学的力量和品质，但文章里也给了夏洛蒂一些笔墨，认为这或许是《简·爱》作者的初次尝试。于是，夏洛蒂决定写一份生平简介，承认妹妹艾米莉的文学价值，但她同时也低估了最小的妹妹安妮的作品价值。她的编辑史密斯已经重新购买了这些小说的版权，在他的恳愿之下，夏洛蒂克服了恐惧，重新埋头于妹妹们的文稿当中。对于小说而言，只需要修改一些明显的排版错误就可以了。但是，对于那些从未发表过的诗歌，她毫不犹豫地进行了删改和重写，并引入了第18首出处不明的诗。

如果说艾米莉的诗歌被认为是"紧凑、简练、有力而真实";有着"独特的音乐性",那么,安妮的诗歌"也有自己真挚动人的悲怆之感"。当她对她们共同的事业(1846年的《诗集》)作出评价时,夏洛蒂总结道:"这本书印出来了,它小有名气,不过,如果没有埃利斯·贝尔的诗,它就当不起这样的名声。"

夏洛蒂坚持认为安妮的贡献是可以忽略不计的。这同样体现在小说的出版计划上:《威尔德菲尔庄园的房客》被打入了冷宫——这部作品也没有再版,尽管她最终欣喜地认识到了《呼啸山庄》的美妙之处,这位作序者却只字未提《艾格妮丝·格雷》。夏洛蒂接着写了一篇长长的序言,解释了《呼啸山庄》的独特之处,但是,她却只字未提安妮的小说。为什么她要对安妮的作品如此缄默呢?她是否因为安妮独占了艾米莉的喜爱而怀恨在心呢?

阅读这篇生平简介和序言之后很自然地就可以得

出这样的结论：这个家族中有两位天才：艾米莉和夏洛蒂。后世对于这一观点却有所保留，多年以后，后世甚至颠倒了她们的排序。对于文学批评十分理智的弗吉尼亚·伍尔夫①在1916年写道："《呼啸山庄》比《简·爱》这本书要难得多，因为艾米莉是比夏洛蒂要伟大的诗人。……在《呼啸山庄》中没有'我'，没有家庭女教师，也没有雇主。尽管书里也呈现了人类之爱，但却并不是男女之爱。艾米莉的灵感来自于一种更为普遍的观念。促使她走上文学创作道路的冲动并不是来自于个人的痛苦或是创伤。她眼底看到的是一个破灭的世界，充满混乱。她觉得自己有能力在书里让这个世界统一起来。"再没有什么文字能更好地描绘艾米莉小说创作的独特性了，她的书的确不是一本普通的书，也难以适用于——维吉尼亚·伍尔夫

---

① 艾德琳·弗吉尼亚·伍尔夫（1882年1月25日—1941年3月28日），英国女作家、文学批评家和文学理论家，意识流文学代表人物，被誉为20世纪现代主义与女性主义的先锋。

预感到了这一点——传统的精神分析的阐释。这是一部有着古代悲剧和伟大的创始神话力量的作品。

夏洛蒂低估了安妮的作品,这已然创造了一个先例。安妮·勃朗特的作品再版得越来越少,作品本身事实上从来没有被阅读过,而是作为姐姐们小说的陪衬或补充。然而,《威尔德菲尔庄园的房客》是一部有着极其重要的价值的小说,在这部小说中,与浪漫主义传统相比,安妮·勃朗特的艺术手法更应当归入简·奥斯丁式的讽刺故事当中。这又构成了两姐妹之间的一个新的分歧点——夏洛蒂熟悉这位伟大的女小说家的作品,但却并非真正欣赏。

1850年底,夏洛蒂的生命只剩下4年多了。她还有时间去拒绝一个新的追求者詹姆斯·泰勒——他是史密斯与埃尔德出版公司负责开拓印度分社的职员。她还有时间对年轻的史密斯想入非非,读者可以在《维莱特》中的约翰医生身上发现史密斯的特征。最终,夏洛蒂和父亲的助手亚瑟·贝尔·尼科尔斯结了婚。她还写了自己的第三部小说《维莱特》。与《教师》不同，这部小说以女性视角讲述了她在布鲁塞尔的经历。这部作品被很多人——其中就有弗吉尼亚·伍尔夫——视为她的代表作。尽管如此，《维莱特》还是令人大失所望。先是勃朗特牧师希望故事有个清晰的幸福结局，接着她的编辑为这本书"缺乏统一性"而感到遗憾，最后，埃热夫妇因小说家给他们绘制的肖像而勃然大怒。这里要为夏洛蒂开脱一下，需要说明的是，小说用法语出版并没有得到夏洛蒂的同意，她甚至明确要求过不要进行翻译。然而这本书在评论界取得了巨大的成功。只有哈里特·马蒂诺在《每日新闻》上撰文指出，夏洛蒂表现爱情的方式充满讽刺，她对天主教的控诉过于极端。这篇文章让她失去了夏洛蒂的友谊。1854年6月29日，夏洛蒂与尼科尔斯牧师结婚。她在第二年的3月31日去世，很有可能是死于高龄妊娠和冬天严酷的气候。她此前已经开始写第四部小说《艾玛》，萨克雷在 1861 年出版了这部作品。

勃朗特牧师就像逆来顺受的土星那样，直到 83 岁才去世。他担心女儿的文学传承，于是嘱咐盖斯凯尔夫人撰写一部夏洛蒂的传记，并向她提供了很多珍贵的素材。盖斯凯尔夫人只是精打细算地使用着这些素材，她更愿意通过夏洛蒂与埃伦·努西保持了超过 25 年的书信中和她对夏洛蒂生平的见证者进行的严密调查中获取的素材来提取写作内容。盖斯凯尔夫人的文章是一种圣徒传记，将夏洛蒂描绘成了全身心贡献给家庭，尤其是父亲的圣母。她为勃朗特牧师所刻画的留传后世的肖像是一个傲慢又古怪之人，一个对火器有些狂热的业余爱好者，与他现实中专注的父亲形象相去甚远。勃朗特牧师是个能服理的人，他并没有怨恨盖斯凯尔夫人，只是要求她减弱某些夸张的地方："对于您将我描绘成一个有些古怪的人，我毫不反对，因为您自己和您的文人朋友都希望如此；我只想请您不要把我塑造成一个烧壁炉地毯、锯椅背和撕碎我妻子丝绸裙子的疯子……假如我曾经是这个世界上那些平静的、愿意协商的人中的一分子，那么，我就绝不可能是如今的样子，也很可能不会有这些孩子。"

《夏洛蒂·勃朗特的一生》这部作品是伊丽莎白·盖斯凯尔书中最成功的一部——这部作品远远超过她自己的小说作品，甚至印刷量都与《简·爱》不相上下。《夏洛蒂·勃朗特的一生》的价值在于使人们了解了勃朗特兄妹，将公众的注意力聚焦到了遥远的霍沃思，这儿将成为英国最早的旅游景点之一。盖斯凯尔夫人的传记还奠定了一个在数年间不断丰富的传说：卢卡斯塔·米勒[①]认为，"在盖斯卡尔夫人的传记出版半个世纪后，勃朗特一家的故

[①] 英国作家和文学记者。

事被重写了太多遍，重写的方式如此多样，以至于故事最终上升到了传说之列。"

众所周知，这些传说的作用在于给一个用普通方式思考大伤脑筋的复杂问题提供答案。除了勃朗特一家的故事中常见的两个最受偏爱的传说主题（家庭和死亡）之外，还探询了艺术天才的天性——这三位年轻姑娘的天性、学识和与世隔绝的状态原本注定难逃寂寂无名的命运，注定要被人遗忘，她们是如何在一个将女性限定在厨房和洗衣间的世纪中让自己的声音被众人听到的？尤其是，这三姐妹的旅行经验如此有限，她们是如何写出这样的杰作的？

三姐妹是三部不同作品的作者，这三部作品反映了她们各自的个性。《简·爱》和《呼啸山庄》在主题上有一些相似之处，氛围上也有某种共同之处，这会让人产生勃朗特姐妹的作品是一部集体作品的错觉。并不是这么回事。《简·爱》和《呼啸山庄》或许都采用了哥特式小说的创作手法,作者在小说中描绘了激烈的爱情,努力构建被男性施虐者折磨的年轻女性的悲剧命运,两部小说的情节或多或少都公开求助于超自然的现象:在《呼啸山庄》中,凯蒂·恩萧①的幽灵毫不夸张地出现在整个情节当中,甚至还赋予了故事情节统一性,因为这确保了小说两个部分之间的联系。同样,幽灵的形象也贯穿了简·爱的故事。小说开头,简·爱在那间可怕的红房子里遇到了舅父的幽灵,后来又仔细琢磨雇主那栋哥特式的建筑桑菲尔德庄园走廊里回荡的神秘笑声。超自然的现象在《简·爱》中还以一种神秘的心灵感应召唤的形式出现,这种心灵感应的召唤让女主人公在经历了长久的奔波之后,仍然能够重新找到她心爱的"主人"。

然而,两姐妹都超越了哥特式浪漫主义小说的狭窄范畴,将作品铭刻进了个人道路中,并且,每

---

① 凯瑟琳·恩萧的小名。

个人都用自己的方式，在西方小说史上留下了印记。《简·爱》首先是一部概括性的作品，作者为它选择的副标题"一部自传"揭示了它现实主义的意愿，限定词"一部"和莫泊桑的《一生》中的冠词"一"一样，很好地说明了女主人公的平庸——简既不美貌，也不富有，还不是特别聪明。但是，她倔强、勇敢、坚韧，并且忠于自己的原则。她毫不犹豫反抗压迫性教育的不公，并且大声呼吁女性安排自己命运的权利。《简·爱》是一部伟大的小说，在构成上采用了哥特式小说的某些手法——情节中遍布的不真实性可能秉承了这一血统——但是，它超越了这些手法，将一个普通女性的命运上升到典型经历的高度。简·爱从某种程度上来说是一个现代灰姑娘，但是，作者却通过她无可指摘的历程论证了她最终有所成就的原因。这部小说与歌德的《威廉·麦斯特》一脉相承，但是它却是关于女性经历的作品，其中的典范性不断为后人提供参照:从乔治·艾略特①到简·里斯②,中间还有达夫妮·杜穆里埃③和许多其他作家。

夏洛蒂从未放弃过这个世界,有了《简·爱》的成功,她最终出色地征服了这个世界。与她相反,艾米莉终生都在"逃避战斗"。她让《呼啸山庄》这部小说走上了一条完全不同的道路,这只会让小说在出版时遭遇不理解和敌视。尽管她给故事构建了现实主义的根基——她在作品中展现的农场和产业将会让大步走遍霍沃思山丘的游客想要在此散步,这种作为参照的美丽风光很快就在夸张的个性、狂

---

① 乔治·艾略特,英国作家。原名玛丽·安·伊万斯,1819年出生在华威郡一个中产阶级商人家庭,19世纪英语文学最有影响力的小说家之一,与萨克雷、狄更斯、勃朗特姐妹齐名。
② 简·里斯(1890—1979),是出生在加勒比海地区的英国作家,代表作为《茫茫藻海》。
③ 达夫妮·杜穆里埃(1907年5月13日—1989年4月19日),英国悬念浪漫女作家。达夫妮·杜穆里埃受19世纪以神秘、恐怖等为主要特点的哥特派小说影响较深,同时亦曾研究并刻仿勃朗特姐妹的小说创作手法,因此,"康沃尔小说"大多情节比较曲折,人物(特别是女主人公)刻画比较细腻,在渲染神秘气氛的同时,夹杂着带有宿命论色彩。

怒的情感和作品中无处不在的残酷中破灭了。这种残酷让乔治·巴塔耶①和所有的超现实主义者对这部小说产生了兴趣。巴塔耶写道:"从表面上来看,命运,想要艾米莉·勃朗特完全无视爱情,尽管她很美丽,命运还是想让她从激情中得到一种焦急不安的认识——这种认识不仅将爱情与光明联系在一起,还将爱情与暴力和死亡联系在一起。"

当时大家都指责艾米莉的故事是一部诗人小说。例如,一心想为安妮·勃朗特的作品平反的乔治·摩尔②就诋毁艾米莉的小说——其实这就是一部诗人的

---

① 乔治·巴塔耶(1897—1962),法国评论家、思想家、小说家。他博学多识,思想庞杂,作品涉及哲学、伦理学、神学、文学等一切领域禁区,颇具反叛精神,不经意间常带给读者一个独特的视角,被誉为"后现代的思想策源地之一"。
② 乔治·摩尔(1852—1933),19世纪末20世纪初爱尔兰著名作家,对唯美主义、自然主义、象征主义、印象主义、意识流、现实主义等都有所探索;创作有诗、小说多部,主要有诗集《情欲之花》《异教徒诗集》,小说《现代情人》《演员之妻》《爱洛伊丝和阿贝拉》等。他主张一切都应返回自然,自然才是艺术的源泉,自然才是最伟大的艺术;人只有先与自然接触,与鲜活有力的自然生命相接触,才能触到艺术的真正源泉,才会创作出真正的文学艺术作品。

作品，无视了小说中的一切叙事机制。乔治·摩尔或许完全站到了一个卡夫卡式作家的作品这边。因为最终在《呼啸山庄》中萌芽的正是这种小说趋势，昆德拉在他划时代的评论（《小说的艺术》①）中将其定性为梦幻的，这将小说带上了不同于现实主义的道路。艾米莉是个幻想诗人，她所使用的语言有种罕见的密度，既多义又具有音乐性，画面闪现，照亮了文本。她的小说同样见证着这些特质：她的小说高深莫测、内涵深远，让读者仿佛置身于希腊悲剧或是莎士比亚的悲剧之中，小说中有一种密集的"噪音与狂热"，唯有死亡和时间才能阻止。在霍沃思的荒野上，艾米莉出发去寻找她的灵魂，对荣耀和评论家的喧哗无动于衷。她放进这部古怪的小说和她的诗歌中的，正是她自己的灵魂。

应当从此为第三位勃朗特小姐作品既定的命运

---

① 法语书名为 *L'Art du roman*，系米兰·昆德拉的随笔集。

感到愤愤不平吗？应当对两部小说与一部没人想让它更有名气的作品所拥有的优势感到惊讶吗？"时间是伟大的主宰，它会把事情都安排好"，高乃依会这样回答。

安妮的作品也很符合她自己的形象。一方面，她很稳重，十分稳重。《艾格妮丝·格雷》将会作为古典小说的杰作出现，它构成简单、风格简约。然而，另一方面——或许这要归功于她姐姐艾米莉——安妮的作品热烈、愤怒而果断。《威尔德菲尔庄园的房客》与《呼啸山庄》并非毫无相似之处，它描绘了残酷的深渊。尽管如此，还是必须要承认，安妮的两部小说既不具备《呼啸山庄》的幻想力，也不具备《简·爱》的浪漫性。

夏洛蒂这边则再也没有找到这种冲动。尽管她最后两部小说仍具备优点，但质量和情节都停滞不前，陷入了离题和毫无逻辑的曲折发展之中。与

《简·爱》带来的阅读体验相比,这些的确阻碍了阅读的幸福感。

电影人和公众一样,都没有搞错,他们分辨出了《简·爱》与《呼啸山庄》情节的不同。夏洛蒂·勃朗特的小说已经被改编成了大约 15 个电影版本,确切说来,没有一个版本称得上是杰作。但是,大部分都在公众当中获得了相对的成功。由于选角得当,罗伯特·史蒂文森①1944 年拍摄的版本表现出了作品的精神:片中的罗切斯特由奥逊·威尔斯②扮演。夏洛特·甘斯布③在 1996 年演绎了一个

---

① 罗伯特·史蒂文森(1905—1986),英国著名导演,曾凭借《欢乐满人间》*Mary Poppins* 获第 37 届奥斯卡最佳导演提名。
② 奥逊·威尔斯(1915 年 5 月 6 日—1985 年 10 月 10 日),出生于威斯康星,逝世于洛杉矶,美国演员、导演、编剧、制片人。代表作有《公民凯恩》《第三人》《历劫佳人》等。
③ 夏洛特·甘斯布,1971 年 7 月 21 日出生于英国伦敦,英国演员、歌手。母亲是英国女演员简·伯金,父亲是法国歌手和演员赛吉·甘斯布。夏洛特·甘斯布 14 岁时在《不安分的姑娘》中表演而成为恺撒奖的最具前途女演员,随后又于 1989 和 1997 年两获恺撒奖最佳女演员提名,2000 年终于夺得恺撒最佳女配角奖。2009 年,她凭借在《反基督者》中的表演获得了第 62 届戛纳电影节最佳女演员。

难以捉摸的简·爱。《呼啸山庄》也被改编成了大约12个版本，大部分都只选取了故事的第一部分。尽管这些电影的导演久负盛名、事业成功（例如，布纽尔1954年拍的《呼啸山庄》[1]，或者是里维特在1986年拍的《呼啸山庄》[2]），但艾米莉的这部小说并没有产生任何电影佳作。最忠于原著的版本（彼得·考斯明斯金[3]1992年拍的《新呼啸山庄》）只是一个非常学院派的练习。电影还抓住了神秘的勃朗特兄妹作为题材，例如，柯蒂斯·伯恩哈特[4]在1946年拍摄的一部非常小说化的勃朗特

---

[1] 这个版本是墨西哥导演路易斯·布纽尔的作品，西班牙语原名为 *Abismos de pasión*。
[2] 该片里维特是法国新浪潮电影的代表人物之一，电影法语原名为 *Hurlevent*。
[3] 彼得·考斯明斯金，1956年4月21日出生于英国伦敦，导演、制片、编剧。
[4] 柯蒂斯·伯恩哈特（1899—1981），美国戏剧、电影导演，生于德国沃尔姆斯。1927年开始导演影片。他曾被盖世太保逮捕，1934年移居法国。1935年他到英国拍摄了《独裁者》后，又回到法国。1955年他为米高梅影片公司导演的《西厢琴断》曾获得奥斯卡最佳原创剧本奖。

家族的生平电影，题名为《魂断巫山》；好莱坞的编剧们为艾米莉和夏洛蒂编造了一段荒唐的情敌关系，并将霍沃思改编成了一个没什么了不起的巴伐利亚村庄。安德烈·泰希内①的电影《勃朗特姐妹》显得更加野心勃勃。这位电影人毫无疑问想要还原她们的真实生活，只有写作可以为她们生活的平淡增添色彩。除了在处理罗宾逊夫人（勃兰威尔的情人）这个人物时加入了一些想象，剧本被证明考据十分翔实。法国电影人表现的现实主义让拉芒什海峡对岸的英国评论家感到不快，尽管如此，泰希内的这部电影依然是大银幕上对勃朗特家族生平最为公允的呈现。这部电影选了

---

① 安德烈·泰希内（1943— ），法国导演，20世纪60年代在《电影手册》杂志任编辑，撰写影评，1969年开始导演生涯。《法兰西回忆》使他声誉鹊起。此后，他的影片大受赞扬，《约会》获戛纳电影节最佳导演奖，被誉为同一代导演中最富才华者之一。同时，他又被称为杰出的浪漫派导演。他的影片注重色彩的运用，造型感很强。

玛丽-弗朗丝·皮西尔①饰演夏洛蒂，伊莎贝尔·阿佳妮②饰演艾米莉，伊莎贝尔·于佩尔③饰演安妮。这样的选角恰当地展现了三姐妹的个性。

这三位霍沃思的年轻姑娘已经成为女性天才的象征，自从盖斯凯尔夫人的传记问世以来，她们一直不断萦绕在我们的集体记忆之中。她们已经成为了十多本传记的主角，这些传记多少带有一些幻想成分。勃朗特姐妹与所有的作家一样，将她们所受的创伤与自己的生活转化成了艺术，在这方面，她们所受的教育帮助了她们。然而，这种教育远不像我们所听到的那样被压制，让她们可以自由地通往文化之路，

---

① 玛丽-弗朗丝·皮西尔（1944—2011），法国女演员，是法国影坛20世纪70年代的偶像，被誉为"特吕弗的缪斯"，曾两度获得恺撒奖最佳女配角。
② 伊莎贝尔·阿佳妮，1955年6月27日出生于法国巴黎，法国女演员，曾五次获得恺撒奖最佳女主角。
③ 伊莎贝尔·于佩尔，1953年3月16日生于法国巴黎，法国女演员，曾两次获得威尼斯国际电影节最佳女主角和法国恺撒奖最佳女主角。

让她们可以任由对知识的好奇心自由绽放。她们为支持兄弟勃兰威尔假想的事业做出的牺牲最终将她们引向了一种有益的爆发，一次在1845—1846年占据她们脑海的智力竞争，最终诞生了19世纪文学史上三部杰作。或许，和勃兰威尔一样，她们继承了父亲杰出的智力。不过，这个年轻人最终屈服于父亲的期望所带来的沉重压力，没能实现自我，而他的三个姐妹并没有受到这样的要求，可以自由地实现她们的文学憧憬。藏在古老的霍沃思牧师公所墙壁后面的只有唯一的奥秘，这奥秘主宰着人类灵魂最高的成就——创作的天赋。

年　表

1812 年
35 岁的帕特里克·勃朗特与 29 岁的玛丽亚·勃兰威尔在盖斯利结婚。帕特里克·勃朗特是约克郡迪斯伯里教区的副牧师，玛丽亚·勃兰威尔是康沃尔郡彭赞斯人。

1813 年
他们的第一个女儿玛丽亚出生。帕特里克·勃朗特出版了一本有关乡村生活的哀歌诗集《乡村吟游诗人》。

1814 年
他们的第二个女儿伊丽莎白出生。

1815 年
勃朗特家定居布拉德福德附近的桑顿，帕特里克被任命为这儿的副牧师。

○ **1816 年**
4 月 21 日，夫妇俩的第三个孩子夏洛蒂出生。

○ **1817 年**
6 月 26 日，兄弟姐妹中唯一的男孩帕特里克 - 勃兰威尔出生，绰号"勃兰威尔"。

○ **1818 年**
7 月 30 日，艾米莉出生。勃朗特牧师出版《基拉尼的女仆》，这是一个爱情故事，背景是爱尔兰的社会危机。

○ **1820 年**
1 月 17 日，安妮出生。勃朗特牧师被任命为霍沃思教区的"终身副主教牧师"，年薪 200 英镑。一家人住在主路山顶上的牧师公所里。

○ **1821 年**
9 月 15 日，玛丽亚·勃朗特去世。她的姐姐伊丽莎白来到牧师公所抚养她的孩子。

○ **1824 年**
7 月 21 日，玛丽亚和伊丽莎白被送去柯文桥女子寄宿学校当寄宿生。夏洛蒂和艾米莉也在这一年到学校和两位姐姐会合。

1825 年

玛丽亚和伊丽莎白染上了肺结核,在第一个学期去世了。学校糟糕的卫生状况和虐待造成了她们的死亡。塔比莎·艾克洛德来到牧师公所帮佣。

1826 年

孩子们在家接受教育。6月5日,勃兰威尔收到了一盒玩具兵作为礼物,这些玩具兵日后将成为想象中的"玻璃城"世界的主人公。

1827 年

安妮和勃兰威尔撰写第一批童年写作游戏汇编《依莉莲故事》。

1829 年

勃朗特牧师在报刊上为受歧视的天主教徒作辩护。勃兰威尔和夏洛蒂继续构思依莉莲的世界。

1830 年
勃兰威尔姨妈反复教孩子们法语入门知识。

1831 年
夏洛蒂在伍勒小姐所在的为年轻女孩开办的罗海德学校当寄宿生。她在那儿交了两个朋友,一个是埃伦·努西,一个是玛丽·泰勒,她直到临终还一直和她们保持通信。

1832 年
7月底,16岁的夏洛蒂回到牧师公所,承担起了教导妹妹的责任。

1833 年
7月,埃伦·努西来牧师公所住了几个星期。她后来关于这次假期的叙述是见证勃朗特姐妹生平的珍贵资料。

1834 年
勃兰威尔想成为画家。勃朗特牧师从利兹请来了罗宾逊先生当老师。夏洛蒂创造了安格利亚王国,这个王国在依莉莲人建造的"玻璃城"联邦中占有重要地位。

1835 年
夏洛蒂受雇到罗海德学校当老师,并把妹妹艾米莉带去了学校，艾米莉在 11 月底回到牧师公所。勃兰威尔独自继续发展安格利亚王国。

1836 年
1 月初，安妮接替艾米莉的位置去了罗海德学校，夏洛蒂认识到自己对教师这份职业没有热情，但是她的父亲劝她放弃当作家的念头。夏洛蒂给大诗人索锡写信，恳求他对自己的诗作提出意见。12 月，塔比莎在主干道的小路上滑倒，摔断了腿。勃朗特牧师想把这位老仆人送回家休养，遭到勃朗特姐妹的一致反对。

1837 年
勃兰威尔给华兹华斯写信，但是却并没有收到回复。2 月，勃朗特牧师请求废除歧视穷人的新法律。3 月底，索锡给夏洛蒂回信，他承认了她的天赋，但是告诉她写作并非女人的事业。秋天，安妮病了，回到霍沃思。

1838 年
夏洛蒂重新回归安格利亚的世界，并且调整了她弟弟做出的一些设定。她回到伍勒小姐定址在迪斯伯里荒野的学校工作。勃兰威尔成了布拉德福德的肖像画家。艾米莉在洛希尔学校当老师，似乎很快就负担不了学校交付给她的任务。12月，夏洛蒂辞职回家。

1839年
勃兰威尔由于缺钱，于2月份暂停了他的画家生涯。艾米莉于4月底辞职。夏洛蒂拒绝了亨利·努西的求婚。安妮到布莱克庄园当家庭教师。这段历时数月的经历给了她《艾格妮丝·格雷》开头部分的灵感。5月，夏洛蒂接受了为期三个月的家庭教师的工作。和埃伦·努西一起去布里德灵顿度假。勃朗特牧师接受年轻的副牧师威廉·韦特曼的帮助。12月，勃兰威尔到离湖区不远的弗内斯布劳顿当家庭教师。

1840年
韦特曼副牧师殷勤地和勃朗特姐妹调情。安妮受雇于离约克不远的索普格林的罗宾逊家。勃兰威尔被利兹-曼彻斯特铁路公司雇佣，在索尔贝桥火车站工作。

1841年
2月，夏洛蒂再次去利兹附近的罗登当家庭教师，她并不喜欢这份工作。4月，勃兰威尔升职了。他的一首诗被《哈利法克斯卫报》编辑部选中，于5月22日发表。他喝酒和服用阿片酊的习惯更加顽固了。夏洛蒂计划在霍沃思开办一所女校,说服她的近亲们——尤其是勃兰威尔姨妈,她将预付经费——帮助她落实这项事业。

1842 年

1月,夏洛蒂和艾米莉在布鲁塞尔的埃热寄宿学校学习法语。校长的丈夫埃热先生负责教授文学课。勃兰威尔由于在管理账目方面的疏忽被辞退。7月,夏洛蒂获得埃热夫人的准许延长逗留时间,并教英语课。秋天的时候,威廉·韦特曼去世,接着勃兰威尔姨妈也去世了。两姐妹回到英国,她们(还有安妮)每人继承了300英镑的遗产。

1843 年

1月27日,夏洛蒂爱上了埃热先生,她独自回到布鲁塞尔。她艰难地忍受着职业的约束和埃热夫人的权威。

1844 年

1月,夏洛蒂回到霍沃思,因埃热先生的冷漠和他妻子的敌意而心灰意冷。她考虑在牧师公所内开办一所学校,并且在暑假期间编写了一份小广告,但是并没有招来应征者。

1845 年

1月,夏洛蒂未来的丈夫贝尔·尼科尔斯来到霍沃思教区。6月,决定辞职的安妮和勃兰威尔回到牧师公所度假。

艾米莉和安妮在约克郡进行了短暂的郊游。7月，与罗宾逊夫人有染的勃兰威尔被辞退，他沉迷酒精之中。安妮完成了《艾格妮丝·格雷》的初稿。艾米莉开始写《呼啸山庄》。夏洛蒂让妹妹们下决心尝试出版她们的诗歌合集。

1846 年

《诗集》由艾洛特与琼斯公司出版，出版时三姐妹分别化名柯勒、埃利斯和阿克顿·贝尔。罗宾逊牧师的去世让勃兰威尔重新燃起了娶他的遗孀的希望，但是罗宾逊夫人没有搭理他。他越来越放任自己沉湎于酒精和阿片酊。

1847 年

3月，安妮开始写她的第二部小说——《威尔德菲尔庄园的房客》。编辑纽比同意出版《呼啸山庄》和《艾格妮丝·格雷》。夏洛蒂的《教师》被拒稿。不过，她的第二部小说《简·爱》10月份由史密斯与埃尔德出版公司出版，一经出版便大获成功。纽比于是赶紧出版了《艾格妮丝·格雷》和《呼啸山庄》。

1848 年

安妮的第二部小说《威尔德菲尔庄园的房客》于6月出版。勃兰威尔的健康状况越来越差。他于9月24日去世。接着轮到艾米莉生病，她于12月22日去世。

1849 年

1 月,安妮被诊断为肺结核。夏洛蒂创作她的第三部小说《谢利》。她 5 月底带妹妹去了斯卡伯勒。安妮 5 月 28 日在那儿去世,就地下葬了。夏洛蒂 9 月份重新写起《谢利》的手稿。她 12 月去了伦敦,并且结识了志同道合的萨克雷、哈里特·马蒂诺和伊丽莎白·盖斯凯尔。

1850 年

5 月,夏洛蒂写信告诉编辑自己意志消沉,霍沃思的一切都让她想起自己的妹妹们。她的父亲鼓励她去伦敦。她去了歌剧院,参观了皇家美术学院。7 月,她住在爱丁堡的编辑家里。她在 9 月重新回到霍沃思,撰写生平简介,并为《呼啸山庄》和《艾格妮丝·格雷》的再版合集作序。

1851 年

5 月底,再次旅居伦敦。11 月,夏洛蒂开始写《维莱特》。冬天的严寒天气导致她生病了,她十分焦虑,请求埃伦来和她重聚。

1852 年

2 月初,夏洛蒂拜访了伊丽莎白·盖斯凯尔。她在 11 月底写完了《维莱特》。编辑一点也不喜欢小说的结局。

1853 年
夏洛蒂在伦敦小住。她的小说于 1 月 28 日出版,收获了好评。伊丽莎白·盖斯凯尔 9 月份来到霍沃思待了几天,熟悉了她的朋友的生活环境,她后来成了夏洛蒂的传记作者。

1854 年
4 月,夏洛蒂接受了尼科尔斯牧师的求婚。婚礼于 6 月 29 日举行,夫妻俩去威尔士度了蜜月。回到霍沃思之后,夏洛蒂开始写一部题为《艾玛》的小说。

1855 年
夏洛蒂怀孕,需要卧床休养,拒绝进食。她的状况越来越糟,于 3 月 31 日去世。

1856 年
伊丽莎白·盖斯凯尔根据自己的记忆和朋友们的证词开始写夏洛蒂的传记。

1857 年
《夏洛蒂·勃朗特的一生》由史密斯与埃尔德出版公司出

版，这部传记引起了轰动，大获成功。尽管盖斯凯尔夫人笔下的勃朗特牧师有着讽刺的形象，但是他仍然对这部作品表示满意。《教师》出版。

1861年

帕特里克·勃朗特去世。尼科尔斯牧师重新回到爱尔兰，做了农民。他于1864年再婚，他在自己的茅屋里保存着夏洛蒂的手稿和一大批童年时写的故事。

部分参考书目

法语部分

勃朗特姐妹作品

Brontë, Anne, *Agnes Grey*, trad. de Dominique Jean, « L'Imaginaire », Gallimard, 2001.

Brontë, Anne, *La Dame de Wildfell Hall*, trad. de Denise et Henry Fagne, Archipoche, 2012.

Brontë, Charlotte, *Jane Eyre*, trad. de Dominique Jean, « Folio classique », Gallimard, 2012.

Brontë, Charlotte, *Journal de Roe Head*, in Charlotte, Emily, Anne, Branwell Brontë, *Le Monde du dessous*, trad. Patrick Reumaux, J'ai lu, 2010.

Brontë, Charlotte, *Le Professeur*, in *Jane Eyre* précédé de *Œuvres de jeunesse (1826-1847)*, « La Pléiade », Gallimard, 2008.

Brontë, Charlotte, *L'Hôtel Stancliffe*, Magnard, 2009.

Brontë, Charlotte, *Shirley*, trad. de Robert Maghe et Albert Wauthy, Marabout, 1958.

Brontë, Charlotte, *Villette*, trad. de Gaston Baccara, Archipoche, 2014.

Brontë, Emily, *Cahiers de poèmes*, Points, 2012.

Brontë, Emily, *Devoirs de Bruxelles*, Mille et une nuits, 2008.

Brontë, Emily, *Le Midi de la Nuit*, trad. de Jacques Blondel, Ressouvenances, 1988.

Brontë, Emily, *Les Hauts de Hurle-Vent*, trad. de Frédéric Delebecque, «Le Livre de Poche », Hachette, 1984.

Brontë, Emily, *Poèmes 1836-1846*, trad. de Pierre Leyris, Gallimard, 1963.

作品合集

Brontë, Anne, Charlotte et Emily, *Wuthering Heights et autres romans (1847-1848)*, « La Pléiade » , Gallimard, 2002.

Brontë, Anne, Branwell, Charlotte et Emily, *Jane Eyre* précédé de *Œuvres de jeunesse (1826-1847)*, «La Pléiade», Gallimard, 2008.

Brontë, Anne, Charlotte et Emily, *Œuvres*, T. 1, *Wuthering Heights – Agnes Grey – Villette*, « Bouquins » Robert Laffont, 2004.

Brontë, Charlotte et Patrick Branwell, *Œuvres*, T. 3, *Shirley, Œuvres de jeunesse*, « Bouquins », Robert Laffont, 1992.

Brontë, Anne et Charlotte, *Œuvres*, T. 2, *Jane Eyre – La*

Châtelaine de Wildfell Hall – Le Professeur, « Bouquins », Robert Laffont, 2004.

Brontë, Charlotte et Emily, *Le Palais de la mort,* Hermann, 2013.

传 记

Champion, Jeanne, *La Hurle-Vent*, Presses de la Renaissance, 1987.

Du Maurier, Daphné, *Le Monde infernal de Branwell Brontë*, Phébus, 2006.

Escoube, Lucienne, *Emily Brontë et ses démons*, Fernand Sorlot, 1941.

Le Dantec, Denise, *Emily Brontë, le roman d'une vie*, L'Archipel, 1995.

Le Guern, Joseph, *Anne Brontë, la vie et l'œuvre*, T. 1, Librairie Honoré Champion, 1977.

MacEwan, Helen, *Les Sœurs Brontë à Bruxelles*, CFC éditions, 2015.

Maurat, Charlotte, *Le Secret des Brontë*, Buchet-Chastel, 1967.

Peters, Margot, *Charlotte Brontë, une âme tourmentée*, Stock, 1979.

Salvayre, Lydie, « Emily Brontë » *in Sept femmes*, Points Seuil, 2014.

Traz, Robert (de), *La Famille Brontë*, Albin Michel, 1930.

相关研究

Bataille, George, *La Littérature et le mal*, rééd. Folio essais, 1990.

Bayard, Pierre, *Il existe d'autres mondes*, Minuit, 2014.

Bazin, Claire, *Jane Eyre, le pèlerin moderne*, Éditions du temps, 2005.

Bazin, Claire, *La Vision du mal chez les sœurs Brontë*, « Interlangues littératures », Presses universitaires du Mirail, 1995.

Blondel, Jacques, *Emily Brontë, expérience spirituelle et création poétique*, P.U.F., 1955.

Debû-Bridel, Jacques, *Le Secret d'Emily Brontë*, Ferenczi, 1950.

Le Guern, Joseph, *Anne Brontë, la vie et l'œuvre*, T. 1 & 2, Librairie Honoré Champion, 1977.

Kandji, Alioune Badara, *Palimpsestes brontëens – Relire et réécrire les sœurs Brontë*, L'Harmattan, 2014.

Kowalska, Aleksandra, *Entre affirmation et répression. La sexualité féminine d'Aphra Behn aux sœurs Brontë*, « Les dix-huitièmes siècles », Champion, 2015.

Woolf, Virginia, *Essais choisis*, « Folio », Gallimard, 2015.

以勃朗特家族为灵感的小说

Auriange, Dominique, *La Maison sur la colline*, Marabout, 1966.

Kohler, Sheila, *Quand j'étais Jane Eyre*, Quai Voltaire, 2012.

Madame Simone (Pauline Benda), *Emily Brontë* (1944) in *Pièces rêvées*, La Table ronde, 1982.

Manet, Eduardo, *Le jour où Marie Shelley rencontra Charlotte Brontë*, L'Avant-scène Théâtre, 1979.

英语作品

勃朗特姐妹作品

Brontë, Charlotte, *Tales of Angria*, Penguin, 2007.

Brontë, Charlotte, *The letters*, vol. I, II, III, éd. de Margaret Smith, Clarendon Press, 1995-2004.

Brontë, Emily, *The complete poems*, Penguin Classics, 1992.

Brontë sisters, *The complete novels*, Collector's library, 2011.

传 记

Barker, Juliet, *The Brontës, Wild Genius on the Moors : The Story of a Literary Family*, Pegasus, 2013.

Chitham, Edward, *A Life of Anne Brontë*, Wiley-Blackwell, 1993.

Gaskell, Elizabeth, *The Life of Charlotte Brontë*, Smith & Elder, 1906. (On trouvera l'ouvrage en ligne sur http://www.globalgrey.co.uk)

Gordon, Lyndall, *Charlotte Brontë. A Passionate Life*, Virago, 2008.

Lee, Sidney & Smith, George & Stephen, Leslie, *George Smith, a Memoir, with Some Pages of Autobiography,* Cambridge University Press, 1909.

Lock, John & Dixon, W. T., *A Man of Sorrow : The Life and Letters and Times of the Rev. Patrick Brontë, 1777-1861*, Nelson, 1965.

Palmer, Geoffrey, *The Brontës, Day By Day*, The Brontë Society, 2002.

多类研究

Alexander, Christine & Sellars, Jane, *The Art of the Brontës*, Cambridge University Press, 2004.

Barnard, Louise & Robert, *The Brontës A to Z : The Essential Reference to Their Lives and Works*, Checkmark Books, 2003.

Camus, Marianne, *Women's Voices in the Fiction of Elizabeth Gaskell (1810-1865)*, The Edwin Mellen Press, 2002.

Chitham, Edward, *The Birth of Wuthering Heights, Emily Brontë at Work*, Palgrave, 2001.

Dinsdale, Ann, *The Brontës at Haworth*, Frances Lincoln Publishers, 2013.

Dooley, Lucile, "Psychoanalysis of the Character and Genius of Emily Brontë", *Psychanalytic Review*, n° 2, April, 1930.

Liddell, Robert, *Twin Spirits, The Novels of Emily and Anne Brontë*, Peter Owen, 1990.

Miller, Lucasta, *The Brontë Myth*, Vintage, 2002.

Spark, Muriel, *The Essence of the Brontës : A Compilation with Essays, Lives and Letters*, Carcanet, 2014.

Thormählen, Marianne, *The Brontës and Education*, Cambridge University Press, 2007.

Thormählen, Marianne, *The Brontës and Religion*, Cambridge University Press, 2014.

改编电影目录

关于勃朗特姐妹

André Téchiné, *Les Sœurs Brontë*, 1979 (Gaumont, 2012).

Curtis Bernardt, *La Vie passionnée des sœurs Brontë (Devotion)*, 1946.

根据作品改编

Andrea Arnold, *Les Hauts de Hurle-Vent*, 2011 (Diaphana, 2013).

Cary Fukunaga, *Jane Eyre*, 2011 (Paramount Pictures, 2012).

Franco Zeffirelli, *Jane Eyre*, 1996 (Lancaster, 2005).

Jacques Rivette, *Hurle-Vent*, 1984 (Bluebell Films, 2008).

Luis Buñuel, *Les Hauts de Hurle-Vent*, 1954 (Films sans Frontières, 2006).

Peter Kosminsky, *Les Hauts de Hurle-Vent*, 1992 (Paramount Pictures, 2003).

Robert Stevenson, *Jane Eyre*, 1944 (Rimini Editions, 2014).

William Wyler, *Les Hauts de Hurle-Vent*, 1939 (MGM / United Artists, 2004).

Yoshishige Yoshida, *Les Hauts de Hurle-Vent*, 1988 (Carlotta Film, 2009).

感　　谢

杰拉尔丁·吉耶：审读并对我翻译的夏洛蒂·勃朗特的书信提出了有用的修改意见。

路易-保罗·阿斯特罗：信任我并富有洞察力地审读了我的这份手稿。

若埃勒·蒂亚诺-穆萨菲尔：给我一些有用的建议。

约翰·阿尔：亲切地带我到访霍利班残疾儿童学校，这所学校曾经是位于米菲尔德的罗海德寄宿学校所在地。

萨拉·莱科克：为我开放了勃朗特故居博物馆的图书馆并指导了我的研究。

"他们的 20 岁"书系

由本社编者特邀上海万墨轩图书有限公司

闫青华联合策划